あなたが変わる

楊名時太極拳

Tai-Chi Chuan

監修　日本健康太極拳協会　楊　慧

山と溪谷社

楊名時太極拳のこころ …… 75
日本健康太極拳協会 …… 80

【二十四式太極拳】
Tai-Chi Chuan …… 81

準備　十字手 …… 82
一式　起勢 …… 85
二式　野馬分鬃 …… 86
三式　白鶴亮翅 …… 90
四式　摟膝拗歩 …… 92
五式　手揮琵琶 …… 96
六式　倒捲肱 …… 98
＜Column＞　太極拳と気 …… 101
七式　左攬雀尾 …… 102
八式　右攬雀尾 …… 105
九式　単鞭 …… 108
十式　雲手 …… 110
十一式　単鞭 …… 114
十二式　高探馬 …… 116
十三式　右蹬脚 …… 118
十四式　双峰貫耳 …… 120
十五式　転身左蹬脚 …… 122
十六式　左下勢独立 …… 124
十七式　右下勢独立 …… 126
十八式　左右穿梭 …… 128
十九式　海底針 …… 130
二十式　閃通臂 …… 132
二十一式　転身搬攔捶 …… 134
二十二式　如封似閉 …… 136
二十三式　十字手 …… 138
二十四式　収勢 …… 140

ROUROU …… 142
DVD MENU …… 144

— やる気が出てポジティブになる …… 147
— 慢性化した肩こりもス〜ッとラクになる …… 149
— しつこい腰痛が改善されます …… 151
— 便秘解消でお腹すっきり …… 153
— 憧れのキュッとくびれたウエストに …… 155
— 下半身が痩せないのが悩み・
　下半身のぜい肉をとりたい！ …… 157
太極拳で美しく健やかな女性になる …… 159

太極拳で美しさと健康を手に入れませんか？
【Beauty & Health for WOMEN】 …… 160

CONTENTS

本書のコンセプトと見どころ …………………………… 4
はじめに …………………………………………………… 5
Graph message……………………………………………… 6

太極拳の基本
【Basic of Tai-Chi Chuan】 ………………………… 9

楊名時太極拳で
あなたが・明日が・人生が変わる ……………… 10
太極拳の呼吸 ……………………………………… 12
基本の動き　足の形・手の形・歩き方 ……………… 14
挨拶 ………………………………… 16
立禅 ………………………………… 17
甩手 ………………………………… 18
＜Column＞　稽古の心得 ………………………… 20

太極拳でエイジレスな若さと一生ものの健康を手に入れましょう！
【Ageless with Tai-Chi Chuan】 …………………… 21

太極拳でエイジレスな若さを手に入れる …………… 22
— 不思議なくらい元気ハツラツに ……………… 26
— 足腰が丈夫になる・
転倒防止に効果バツグン ……………… 28
— スタミナ回復が早い・疲れが残らなくなる …30
— 四十肩・五十肩。無縁か改善！ ……………… 32
— 血圧が下がって不安がなくなる ……………… 34
— 疲れ目に効く
＆イキイキした瞳を取り戻して若く！ ………… 36
— 10歳若く見える姿勢づくり ………………… 38
— 体を引き締め若く見せる ……………………… 40

帯津良一先生が語る
太極拳の健康効果と魅力 ……………………… 42

【八段錦】Ba Duan Jin ……………………45

第一段錦　双手托天理三焦 ……………… 46
第二段錦　左右開弓似射雕 ……………… 48
＜Column＞
楊名時太極拳と八段錦 ……………………………51
第三段錦　調理脾胃須単挙 ………………52
Mini Graph - 調心 ………………………………55
第四段錦　五労七傷往后瞧 ………………56
Mini Graph - 調息 ………………………………59
第五段錦　揺頭擺尾去心火 ……………… 60
Mini Graph - 調身 ………………………………63
第六段錦　両手攀足固腎腰 ……………… 64
第七段錦　攢拳怒目増気力 ……………… 68
＜Column＞太極拳 Q & A ……………………71
第八段錦　背后七顛百病消 ………………72
＜Column＞愛おおく ……………………………74

楊名時太極拳の世界と魅力を多方向から表現

本書では、太極拳の動きのハウツーにとどまらず、楊名時太極拳のルーツや、その心と哲学にふれ、その世界観を美しい写真とメッセージで表現。もちろん楊名時太極拳の舞い方を詳細に解説し、その健康・美容効果をひも解き、愛好者たちの生の声も紹介しています。楊名時太極拳をここまで多方向からとらえ、表現した本は初めて。全国で愛好者70万人という圧倒的な人気を誇る楊名時太極拳の魅力が、この一冊でわかります。

自然の中、鏡の中など多彩な映像なんと1時間半

鏡を使った画期的な映像や、多方向からのアングルでハウツーをわかりやすく解説。見たい型を繰り返し見られるリピート機能もとても便利です。また自然の中での美しいイメージ映像など、オリジナルで多彩な映像をふんだんに盛り込んだ付録のDVDは、なんと収録時間90分。12分、1カットで収録された楊慧師範の太極拳二十四式の演舞は必見です！　家でDVDを見ながら稽古をすれば自然に上達。健康効果もグンとアップします。

本書のコンセプトと見どころ

ふたつのテーマでダブル表紙 楊名時太極拳で変わった人たちの生の声を紹介

「あなたが変わる楊名時太極拳」は、「太極拳でエイジレス」と「太極拳で美しく健やかに」というふたつのテーマを持ち、表からだけでなく裏からも見られるダブル表紙スタイル。太極拳の健康・美容効果をたっぷり解説。一冊で二冊分楽しめます！

楊名時太極拳の愛好者の方々に多数登場していただき、その効果と魅力を証言してもらいます。太極拳の驚くべき効果を実体験から感じましょう。

美しい自然の中での太極拳

師家・楊名時の思いを引き次ぐ娘、楊慧師範そして孫娘の玲奈師範。本書では生前の師家・楊名時の言葉や写真もふんだんに取り入れ、楊慧、楊玲奈師範に演舞をしてもらいました。特筆すべきは、道場を飛び出し、師家・楊名時の眠る鎌倉の東慶寺での映像＆写真撮影が実現したこと。

はじめに

中国の長い歴史の中で育まれてきた太極拳と八段錦は、
健康な心と体をもたらす素晴らしい効果を持つ体術です。
楊名時太極拳は、ゆったりと人と比べず、競わずに、
それぞれの体調や体力に合わせて、
無理をせずに動くことを大切にしています。
年齢や体力にとらわれずに、自分のペースで稽古をはじめましょう。

「不怕慢　只怕站」という言葉があります。
歩みはゆっくりでもかまわないけれど、
立ち止まってしまってはいけません、という意味です。
毎日ほんのすこしで良いのです。
太極拳の呼吸や動きを日常の生活に取り入れてみてください。
太極拳で得る心地よさは、ゆっくり心と体の健康を養います。
心と体の充実は、内面からの輝きを引き出すことでしょう。

この本が、長く太極拳を楽しむための
きっかけになることを願っています。

楊　慧

大宇宙に和して、ゆっくりと呼吸をしながら体を動かす。
しかも内面の心が動きと共になるように。
体中全部が動き、この瞬間すべてを忘れる。

——師家・楊名時の言葉より

Tai-Chi Chuan is a method of keeping good health
by promoting a balance between the body and the spirit.

太極拳の基本

Basic of Tai-Chi Chuan

楊名時太極拳で
あなたが・明日が・人生が変わる
太極拳の呼吸
〈基本の動き〉
足の形・手の形・歩き方
挨拶
立禅
甩手

はじめに知識として知っておきたいこと。
そして、八段錦や二十四式太極拳の前に行う
挨拶・立禅・甩手を身につけましょう。

楊名時太極拳で あなたが・明日が・人生が 変わる

太極拳をこれから始めたいという人も、
やったことのある人も、
「楊名時太極拳」に出逢えたことで、
あなたの何かが間違いなく変わります。
体だけではなく心も健康にし、
気力を充実させ、
内面から湧き出てくる真の美をもたらす。
きっとあなたをいきいきと輝かせ、幸せを呼ぶ、
それが楊名時太極拳です。

「太極拳」と聞いて、どのようなイメージをお持ちですか？ 太極拳は、どうやら健康によいらしい。ゆったり動くから、とりわけ中高年には人気が高い…までは、知られていますが、ひとくちに太極拳といっても、いろいろな種類の太極拳があることや、そのルーツや背景、心や哲学、そして健康効果の裏づけと実証までは、なかなかじっくりと知る機会がなかったのではないでしょうか。

楊名時太極拳のルーツ

太極拳は中国の明の時代末期、武将・陳王庭が創出した「陳家太極拳」を起源とするといわれています。陳家十四世の陳長興が、それまで門外不出、武道家のみに伝授されていた陳家太極拳を広く一般化し、陳長興のもとで20年近く修行を積んだ楊露禅が許しを受け、太極拳を北京に広め、清朝の指南役として参朝しました。露禅は皇族の健康向上のため、太極拳を健康保持と精神修養に重きを置いた柔軟なものに改良し、これが楊家太極拳の基礎となりました。露禅には3人の子があり、それぞれが一派を成し、中国全土に太極拳を広めていきました。

1956年、中華人民共和国政府は、国づくりの急務として、誰もが簡単にできる健康増進を目的とする新しい太極拳を制定します。これには楊家太極拳が大幅に取り入れられ、わずか24の型に統合されました。稽古時間も15分前後となり、「簡化太極拳」または「二十四式太極拳」と呼ばれるようになりました。この簡化二十四式太極拳は、毛沢東主席の「体育活動を発展させて、人民の体位を向上させよう」という体育理論から制定されたものです。すべての人民にでき、精神と肉体の発達に役立ち、健康上特に優れていると考えられ、広く老若男女に普及していきました。

本書で紹介する二十四式太極拳は、中国の武門に生まれた師家・楊名時が日本に渡り、「健康・友好・和平」を掲げて、普及をしてきたものです。和を愛し、空手の達人でもあった楊名時によって、禅や日本武道とも融合し、独自の理論や指導法が追求された太極拳が「楊名時太極拳」です。

太極拳とは？

太極拳は、中国武術の起源である拳術（腰を中心に手足のバランスをとり、着眼を配する）、吐納術（腹式呼吸運動）、導引術（腰を中心に体を曲げたり伸ばしたりする運動）の術をまとめ、新しい工夫を入れて完成させたものです。意識、呼吸、動作の3つを融合して、意、気、体を鍛錬し、病気治療、健康保持、体力増進を図る武術体育運動とされています。

師家・楊名時

楊名時太極拳の極意

太極拳の「太極」とは、「易経」にある言葉で、気（万物を形成するエネルギー）の原初の形であり、大宇宙の源。終わりのない無極の空間です。太極拳の「拳」は技・術、つまり太極拳は、小宇宙と大宇宙が一体となり、調和をとる技、術といえるでしょう。

　楊名時太極拳の極意は、「調心」「調息」「調身」。意識、呼吸、動きの3つをひとつにしていき、大宇宙と一体となること。

　「自分の健康を願うと同時に、他人様の健康、幸せも願う。大宇宙に和して、ゆっくりと呼吸をしながら、無心に体をまろやかに動かす。しかも内面の心が動きとともになるように。我もなく、敵もなく、無の世界で体を動かし、心を通して人生に美しい花を咲かせて下さい」と楊名時師家は言葉を残しています。

楊名時太極拳は あなたの何を変える？

「調心」（→P55へ）「調息」（→P59へ）「調身」（→P63へ）が稽古を通じて整っていけば、あなたの中で何かが変わってきます。それは、内なる世界に意識を持ったことで見つけた新しい自分だったり、今まで意識したことのない「生きるエネルギー」が体に満ちていくことかもしれません。悩んでいた体のトラブルが改善されてラクになったり、心の落ち着きや平和を感じられたり、自分の健康に感謝したり、人と比べず、ありのままの自分を好きになったり…。それぞれに豊かな変化が生まれてくることでしょう。

　「健康即幸福」―幸せは何より健康から。そして健康は幸せを呼ぶでしょう。心と体を健やかに生きることで、自分が変わり、磨かれていきます。それは輝ける自分と明日、そして幸せな人生へとつながっていくのではないでしょうか。

太極拳の呼吸

ゆったりとした動きと「深く長い呼吸」が太極拳の特徴。呼吸は人間の生命維持に必要なとても大切なもの。「太極拳は呼吸法だ」といわしめるほど、太極拳と呼吸は密接につながっています。では、太極拳の呼吸とはどのようなものなのでしょう？

太極拳の呼吸がもたらす健康効果

太極拳がもたらすさまざまな健康効果の重要な要因のひとつが、太極拳の呼吸にあるといわれています。太極拳の「深く長い呼吸」は神経作用に影響し、なかでも、人間の体を維持するために私たちの意志に関係なく働いている自律神経に働きかけます。

自律神経は、交感神経と副交感神経がバランスをとり合って体の機能を保っています。自律神経のバランスが乱れると、体や精神にさまざまな症状が表れてしまいます。太極拳の深く長い呼吸は、ストレスや緊張状態にあるとき優位に働く交感神経よりも、リラックスしているときに働く副交感神経を優位にするので、心を休息させ、落ち着かせる作用があります。また、副交感神経は体を修復するので、副交感神経が低下すると内臓が働かなくなり、消化・吸収が十分に行われなくなったり、血管が収縮するため体に必要な物質（酸素・栄養など）が運ばれなくなったりします。体に必要なものが足りなくなって、体に不調がでてくるようになってしまうのです。

また、太極拳のゆったりとした動きを伴う呼吸は、セロトニンの分泌を活性化するという効果もあるといわれています。セロトニンは脳内の神経伝達物質の一種で、人間の精神に非常に重要な働きをしています。セロトニンが不足してしまうと、うつ病や不眠症などの精神的な病気を引き起こすことがあります。また、セロトニンは人間の感情などにも大きく関係しています。なにかいやなことが起こったとき、脳内ではノルアドレナリンという神経伝達物質が分泌されますが、このノルアドレナリンはイライラを引き起こします。また嬉しいことがあるとドーパミンが分泌され興奮します。このような高ぶった感情を鎮め、安らぐ気持を作り出すのがセロトニンです。また、セロトニンは消化器の運動を助けるなど、内臓の働きにも大きな関係があります。

楊名時太極拳では、八段錦や二十四式太極拳を始める前には立禅を行い、呼吸を整えてから始めます。より高い効果をもたらすために呼吸を意識し、心を鎮めて行うことが大切ということです。

太極拳の呼吸とは？

では、実際にはどのように呼吸をしていけばいいのでしょう。楊名時師家は、こう述べていました。

「吐く息（呼気）を重視して吸う息（吸気）の倍ぐらい時間をかけていきます。しかし、最初から無理しないこと。呼吸は自然に、楽な状態での呼吸が望ましく、理想的には、呼吸していることさえ忘れることです」。

太極拳の呼吸の基本は、息を吸うときにお腹をふくらませ、吐くときにお腹をへこませる腹式呼吸です。深い呼吸と太極拳の動作により、腹式・逆腹式と動きに合わせて呼吸が変化していきます。

鼻から深くゆっくりと息を吸って、お腹をふくらませたら、鼻からゆっくり細く長く息を吐きます。吐く息は特に大切で、お腹がへこむまで吐ききること。息を吸うのに7～9秒、吐くときはその倍くらい時間をかけます。

体の動きに合わせて、この深く長い呼吸「深長呼吸」ができるようになると、動きも途切れることなくまろやかで、効果も上がりますが、初心者にとっては難しいもの。動きと呼吸を合わせることにとらわれると、混乱して動けなくなったり、呼吸が詰まってしまうことが多いので、はじめのうちは無理のない自然な呼吸でよいです。稽古を重ねているうちに、だんだんと呼吸の時間が長くなり、呼吸数も少なくなることでしょう。

動きに合わせて呼吸するコツ

基本的に、左のように体の動きに合わせて息を吸ったり、吐いたりします。八段錦は呼吸が動きによく合っているため、基本どおりに呼吸しやすいのですが（本書でも八段錦には、吸う・吐くのマークを入れています）、二十四式太極拳は型が連続し、バランスをとりながら移動して動くため、基本どおりに呼吸するのは難しいものです。稽古を積むうちに、呼吸と動きは自然に合ってくるものなので、焦らず稽古を重ねていきましょう。

体の屈伸に合わせて

体を伸ばすときは吸い、縮めるときは吐きます。

手や足の押し引きに合わせて

手を体に引き寄せるときは吸い、手を体から離して押し出すときは吐きます。

手の上下に合わせて

手を上げるときに吸い、下げるときに吐きます。

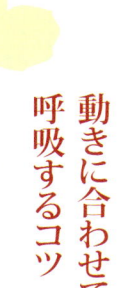

基本の動き

足の形・手の形・歩き方

太極拳は中国武術の伝統の中で育まれてきたため、動き方や形に独特のものがあります。ここではその代表的な動きを確認していきます。ひとつひとつをピックアップして、ぜひ練習してみましょう。

基本の足形 5

仆《ブー》歩《ブー》

片方の足を斜め前に出し、ひざを軽く曲げて重心をかけ、もう一方の足は斜め後ろに出して、腰を落とし姿勢を低くした形。

＋PLUS

背筋はまっすぐ、上体がねじれないように。両足を直線で結んだときに、後ろに伸ばした足のほうが前に出した足よりも後方にずれているように注意します。

馬《マー》歩《ブー》（騎馬立ち）

馬にまたがった形、両足を肩幅の倍くらいに大きく開き、ひざを曲げて腰を落とし重心は中央に置きます。

＋PLUS

慣れるまではキツイ姿勢なので、無理をせずにできる範囲でＯＫ。腰の上に上体がまっすぐ乗っているイメージです。

独《ドゥ》立《リー》歩《ブー》

片方のひざを曲げて上げ、もう一方のひざを軽く曲げて重心をかけた、片足立ちの形。

＋PLUS

上体が前や後ろにぐらつかないように、片足にしっかり体重を乗せて。目線は正面に置きバランスをとります。上げた足のつま先は下向きにします。

虚歩《シュイブー》

後ろ足に重心をかけ、前に出した足のつま先、またはかかとを軽く床につけた形。

＋PLUS

ひざを軽くゆるめて、つま先やかかとは柔らかく床にタッチ。お尻が突き出ないように、腰を軸に背筋を伸ばします。

弓歩《ゴンブー》

前に踏み出した足のひざを軽く曲げて重心をかけ、後ろ足を伸ばして両足の裏を床につけた形。

＋PLUS

前足のひざはつま先より前に出ないように。上体が前のめりにならないように、背筋は伸ばします。

足の形

足を運ぶときは腰を軸に背筋をまっすぐにして、上体がぐらつかないようにします。片方の足からもう一方の足に重心を移していくときは、「分《フェン》清《チン》虚《シュ》実《シ》」（太極拳では、足には虚と実があり、重心のかかっている足が実で、そうでない方の足を虚とします）という言葉が表すように、虚と実の足を意識し、ひざをゆるめて柔らかく、ゆったりと。動きながら片足を前や後ろに踏み出すときは、両足は基本的には一直線上に並びません。一直線になると重心が安定せず、バランスをくずしやすいので、気をつけましょう。

太極拳では、つま先やかかとの動きが細かく決まっています。難しく感じますが、自然に体が覚えてしまうまで稽古を重ねることが大切です。

教室のお稽古ではよく使われますヨ。ぜひ中国語読みで覚えましょう！

基本の手形 3

手の形

どの形も力を入れすぎず、柔らかさを保ちます。手はゆったりと呼吸に合わせて動かしましょう。

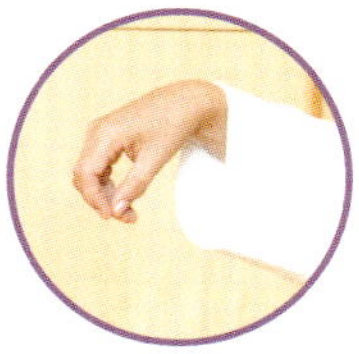

鉤手《ゴウショウ(こうしゅ)》

手首を曲げ、指先で何かをつまみ上げるように指を集めます。

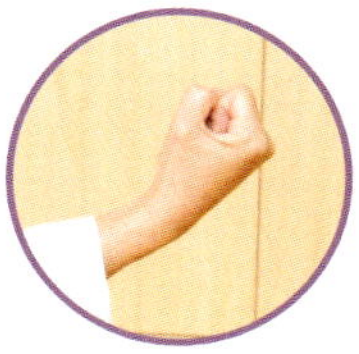

拳《チュエン》

こぶしを握った形。力を入れすぎず、軽く握ります。

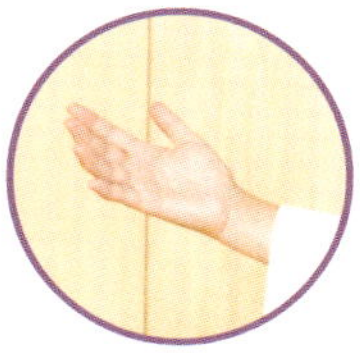

掌《ジャン》

自然にふんわりと開いた手の形、もっとも多く使われます。

基本の歩き方

歩き方

太極拳では、虚と実の足を意識し、足の運びに合わせて重心をゆっくりと確実に移動させることが大切です。前進するときはかかとから、後退するときや横へ移動するときはつま先から踏み出すのが基本です。

また、出した足に完全に重心が移るまでは、もう一方の足は上げないことも特徴的です。

1 背筋を伸ばし、まっすぐに立ちます。

2 両ひざをゆるめます。

3 かかとから踏み出します。

4 前に出した足のひざを軽く曲げて、重心を前足に移していきます。

5 後ろ足のかかとを上げ、つま先を前足に引き寄せます。

6 両足のつま先がそろったら、かかとを下ろします。

1 背筋を伸ばし、まっすぐに立ちます。

2 両ひざをゆるめます。

3 後ろに伸ばすほうの足のかかとを上げ、斜め後ろにつま先をつきます。

4 ひざを軽く曲げて、後ろ足のかかとを着きます。

5 重心を後ろ足に乗せていきます。

6 前足を後ろ足に引き寄せ、まっすぐに立ちます。

1 背筋を伸ばし、まっすぐに立ちます。

2 両ひざをゆるめます。

3 横に出す足のかかとを上げ、横につま先からつきます。

4 横に出した足に重心を乗せていき、もう一方のかかとを上げます。

5 虚になった足を実の足に引き寄せ、両足をそろえます。

6 はじめの姿勢に戻ります。

基本の動き

挨拶

aisatsu

太極拳の始めと終わりに

これから太極拳を行うにあたり、「你好（こんにちは）」と挨拶から始めます。そして稽古が終わるときには「謝謝」「再見」。心を込めた挨拶を心がけましょう。

別アングルから見る
1

足を閉じて立つ

両足をそろえて背筋を伸ばして立ちます。肩とひじの力を抜き、両手は自然にたらします。

手は拳でも伸ばしたままでもOKです
2

胸の前で両拳をつくる

胸の前で軽く拳を握ります。

息をゆっくりと吐きながら・・・
3

上体を前屈する

ゆっくりと上体を前に倒していきます。肩、肘、拳はゆるやかに。

体が硬くて難しい場合は、無理のない範囲でＯＫ
4

床に拳がつくまで前屈

拳が床につくまで上体を倒します。

5

上体を起こす

拳を握ったまま、上体をゆっくりと起こしていきます。

6

もとの姿勢に戻る

上体が戻ったら、動きを止め、もとの姿勢に戻ります。

稽古の終わりには、終わりの挨拶をします。始まりの挨拶と同じように、両足をそろえて立ち、息を静かに吐きながら上体を倒し、「謝謝」（シェシェ）と言います。そして、また、みなさんと元気にお会いできますようにと願う意味を込めて、もう一度、「再見」（ツァイジエン）と挨拶をして、稽古を締めくくります。

你好（ニイハオ）

ni hao

「你好」では、お互いの健康と幸福を願いながら、これからともに八段錦と太極拳の稽古をしましょう、という気持で、ゆったりと挨拶をします。

謝謝（シエシエ）

xie xie

仲間の健康と幸せを願い、心をこめて太極拳を行うことができたでしょうか？今日も元気でこうして稽古ができたことに心から感謝して挨拶をします。

再見（ツァイジエン）

zai jian

また元気でみなさんとお会いして、一緒に稽古ができるように、と願いを込めて挨拶をします。

基本の動き

立禅 ritsu zen

心を静め、心の準備

立禅とは、文字通り、立って行う禅のことです。太極拳の稽古の始めと終わりに行います。体を正し、呼吸を整えて、心の静けさを求めます。

別アングルから見る
1

足を閉じて立つ

両足をそろえて背筋を伸ばして立ちます。

目は半眼か軽く閉じましょう
2

自然立ちで深い呼吸をする

左足を肩幅に開き、両ひざをゆるめ、自然立ちします。肩とひじの力を抜き、あごを引き、両手は自然にたらします。気を丹田に沈めて、深く、長く、ゆったりと腹式呼吸をします。鼻から静かに息を吸いながらお腹をふくらませ、全身に気をまわして、鼻からゆっくりお腹をへこませながら吐きます。3～5分行いましょう。

立禅の効能

Yang Ming-Shi

立禅の心を安定させる作用は、健康でいることや、心やからだの不調を改善することに大きな効果を発揮します。ストレスが引き起こすさまざまな病状、胃腸虚弱や心臓のトラブル、神経症や不眠症などの治療にも有益といわれています。

また、楊名時師家はこう残しています。

「立禅は人間を豊かにする想像の世界にも導いてくれるものであり、行う者の魂にやすらぎと生命力を与えてくれるものである。私たちの人生は、自分の心身をいたずらに飾ることなく、美しく燃える内意の充実であってほしいと思うのです」（『八段錦健康法』より引用）

稽古のポイント

まず立つ姿勢に気をつけます。

背筋をまっすぐにし、お尻が突き出たり、胸を張りすぎたり、前かがみにならないように注意します。体重を両足に均等にかけ、ひざは曲げすぎないように。曲げすぎると余分な力が加わり精神統一の妨げになります。

肩には力を入れすぎないことが大切です。両手の形は気を指先にそそぐように自然な形にして、肩、ひじの力を抜いて、ももの横にたらします。

頭はまっすぐに、あごをやや引いて。あごが上がると全体のバランスが崩れてしまいます。無念無想に努め、心は静かにすることが大切です。目は半眼か軽く閉じます。半眼とはまぶたを下ろし、うっすらと見える程度に視野をせばめることです。

姿勢が整ったら、呼吸を整えます。

気を丹田（おへその下）に集め、ゆっくりと深く長い呼吸をします。立禅は、無、空の世界であること、そして心を静め精神を統一するためにも、無心になって行うことが大切です。

基本の動き

甩《スワイ》手《ショウ》 Shuai shou

体のバランスを整え、準備する動き

「甩」という字はポイと投げるという意味。甩手は手を左右に大きく振る運動で、太極拳を始めるときの準備運動として、また終わった後の整理運動として立禅の後に行います。

1

自然立ちをする
左足を肩幅に開き、両ひざをゆるめ、自然立ちします。肩とひじの力を抜き、両手は自然にたらします。

2

腕を左右に開く
両腕をゆっくりと左右に開き、上げます。両ひざをゆるめます。

7

両手を右へ回していく
同じ要領で次は両手を右へ回していきます。

左右同じリズムで
回していますか？
8

腰を右へ回す
軸を意識して上体を右へ回します。

甩手の効能

Yang Ming-Shi

全身に気血をめぐらせ、体全体をリラックスさせる甩手は、肩こりや腰痛、背中の筋肉痛の予防や治療に効果的です。腰とともに脊椎を軸のように回転させるので、骨の動きがなめらかに柔らかくなり、さらにカルシウムの調節作用もあって、椎間板ヘルニアやぎっくり腰など、骨の病気の予防にもなります。特に腕や手の血液の流れをよくするので、手先の冷えや、タイピングなど長時間手を使う仕事の方には有益でしょう。

また、ひねりの効果で肩やウエスト、お尻のぜい肉を落としてくれる美容効果も期待できます。

かかとが上がらないように

3 両手を左へ回す

腰を中心に、左に両手を回します。両手をポイと投げる意識で回します。

手は自然に背中に当たる感じです

4 腰を左へ回す

軸を意識して上体を左へ回します。

5 左へ回しきったら両手を戻していく

左へ両手を回しきったら、両手を戻していきます。

6 両手を正面に戻す

両手を左へ回したら、一度正面に戻り、次は右へ回していきます。

9 右へ回しきったら両手を戻していく

右へ両手を回しきったら、両手を戻していきます。

10 両手を正面に戻す

これで左右に回しました。同じ動作を繰り返します。

11 自然立ちへ戻す

両手を回す動きを、だんだんゆっくりと小さくしていき、静かに収めます。

12 もとの姿勢に戻る

左足を寄せて、最初の姿勢に戻ります。

稽古のポイント

上体をまっすぐに伸ばし、腰とともに首も回転させます。力を抜き、無心になって動きましょう。ひざをゆるめ、体全体をふわりふわりと柔らかく、リズミカルに回します。ひざが左右にねじれないように気をつけましょう。回す回数にきまりはないので、体が程よくほぐれるように繰り返します。終わるときは、急に止めずに、徐々に小さな振りにしていき、ゆっくりと止めます。

稽古の心得

楊名時八段錦・太極拳を行うにあたって、その効果的な稽古の流れや、気をつけておきたいことをお伝えします。

稽古の流れ

楊名時太極拳の教室では、このような稽古のカリキュラムとなっています。二十四式太極拳の前後に八段錦を前半と後半に分けて行うのが特徴です。自宅で稽古するときも、この流れを参考にすると効果的な、気持のいい稽古ができるでしょう。

教室での稽古のカリキュラム

挨拶
← 立禅
← 甩手
← 八段錦　第一段錦～第四段錦
← 二十四式太極拳　十字手～二十四式（通して行います）
← 休憩
← 二十四式太極拳　部分稽古（2型くらいに集中して。稽古要諦も学びます）
← 二十四式太極拳　十字手～二十四式（通して行います）
← 八段錦　第五段錦～第八段錦
← 立禅
← 甩手
← 挨拶

稽古要諦

太極拳の稽古をするにあたっての大切な考え方が稽古要諦です。その4文字の言葉には身につけたい大切な教えが凝縮されています。教室では稽古要諦を、ふたつの型を学ぶごとに、2項目ずつ学びます。こうすることで稽古要諦の教えが効果的に理解できるとされています。本書でもふたつの型ごとに要諦を2項目ずつ紹介しています。（例：P88、P95など）

稽古で気をつけたいこと

1 心もちは焦らず・比べず・競わず

楊名時太極拳は、上手下手にこだわったり、人と比べたりするものではありません。「流水不争先」―流れる水は追い越そうと競ったりはしない。自然のあるがままにゆったりと流れていく。―この言葉のように、人と競ったり、早く覚えなくては、上達しなければ…と焦る必要はありません。自分のそのときの体調に合わせて、気持よくできる範囲でよいのです。初心者の方は、動きのシンプルなものから始め、稽古を積むうちに全体の流れをつかむようにします。ひとつひとつを確実に身につけていく気持で稽古する気持が大切です。

2 動きはゆったりとまろやかに

太極拳の動きは、深く長い呼吸に合わせた、ゆったりとまろやかな動きです。あごは引き気味にして、ひざをゆるめ、腰と背骨を中心にして、手、足、体、目ともにゆっくりと動きます。動きのスピードはゆるやかに一定であること、動きに「気」の意識を持つことが大切です。

3 深く長い腹式呼吸で

太極拳の呼吸は、深く長い腹式呼吸です。「気」を丹田に集めて、特に吐く息を意識的に長くすることがポイントです。動きに気をとられて呼吸が詰まったり、途切れたりしないように気をつけましょう。

4 気の流れを意識して

太極拳はすぐれた気功の一種。無我の境地で深い呼吸をしながらゆったりと体を動かすことで、生命エネルギーである「気」を養い、気を経絡を通して全身にくまなく流していきます。（太極拳と気P101参照）この「気」がツボマッサージのような効果を発揮して、体と心の調子をととのえます。

5 心を無にして

稽古するにあたって、日常の雑念を取り払い、心を空っぽの無にすることが大切です。太極拳は体だけの運動ではなく、精神を集中し、「無我無心」の境地で稽古してこそ、その効果が高まるのです。すべてを忘れて、大宇宙に身と心をゆだね、一体となる感覚で太極拳を行いましょう。

6 動きやすい服装で

手足の動きや、腹式呼吸をさまたげる窮屈なものでなければ、服装はどんなものでもかまいません。稽古を始めると体がすぐに温まり、汗をかくことも多いので、吸湿性のある素材のものがいいでしょう。楊名時太極拳では、指導者は道衣を着用します。これは空手も有段者であった楊名時師家が道衣を愛用していたことからきています。

7 稽古の場所や時間

本来なら、稽古する場所は、自然を感じられる早朝の屋外などが理想的です。自分が稽古できるタイミングに合わせて、自宅や公園、オフィスの屋上など自由に場所を選んで、無理のない時間に稽古を始めてみてください。

8 続けることが何より大切

太極拳は、たとえ1日10分でも、できることなら毎日でも続けていくことが大切です。続ければ少しずつ効果を実感できるでしょう。まずは3ヶ月頑張ってみることです。それができれば6ヵ月は続きます。するとその後は何年でも続けることができるでしょう。継続は力なり。健康と幸福を願って行うことに始まりはあっても終わりはありません。太極拳はひとたび身につけてしまえば一生の財産になるのですから。

太極拳でエイジレスな若さと一生ものの健康を手に入れましょう！

Ageless with Tai-Chi Chuan

楊　慧
Kei YO

師家の教えを守り伝え、楊名時太極拳の輪を広めるべく1980年より指導活動に邁進。カルチャーセンターでの講座や、メディアを通じた太極拳の普及にも取り組む。

一　太極拳でエイジレスな若さを手に入れる

二　太極拳でエイジレス目的別ピンポイント太極拳

驚きの効果！
こんなに元気な
愛好者たちの
証言をチェック！

楽しみながら
元気パワーを
アップさせましょう（慧）

太極拳で
エイジレスな若さを手に入れる

たくさんの健康効果があり、
よいことづくめの太極拳。
稽古を続けることで、
年齢にとらわれない若々しい体と心、
充実ライフを手に入れることができます。
さぁ、太極拳でエイジレスへの挑戦を
始めてはいかがでしょうか？

太極拳は加齢の時を止める魔法

いつまでも若々しくいたい、健康でいたい…。人が歳を重ねていく限り、この思いは誰にも共通のものでしょう。「もうこの歳だから仕方ない」、「今から何かを始めるなんて無理だし…」と、あきらめていませんか？

加齢と時の流れは止められません。けれど、時にはいませんか？「あの人って一体何歳？」、「何をしているとああなれるの？」と思わずにはいられない、いつも笑顔で元気な人。

この本でもご紹介しているように、太極拳愛好者には、笑顔と元気がいっぱいの、イキイキとした人がたくさんいます。それはなぜでしょう？　その秘密は太極拳にあるのかもしれません。太極拳を続けて、いつまでもハツラツと充実した毎日を過しましょう。

どうして太極拳は若さを保つことができるのか?

なぜなら…

全身の筋肉や関節に刺激を与えることで体を引き締める

太極拳は深長呼吸で、流れを止めずに動き続けるので、血液循環がよくなり基礎代謝が上がります。また、中腰の基本姿勢や片足立ちの動き、腰を落としたり、重心移動、手足を大きく伸ばす動きなど、全身の筋力や関節をくまなく使うので、筋肉に刺激が与えられ、筋力がアップします。それによって基礎代謝が上がるので、無駄な脂肪が燃焼し、自然に体が引き締まってくるのです。

気の流れがよくなり、気力とスタミナが充実

太極拳のゆったりとした動きは、ひとつひとつの「動き」に意識を持って行うことで、生命エネルギーである「気」を高めます。それによって血液循環もよくなり、自然治癒力も高まって、内臓の機能もアップします。気の流れがよくなると、体がエネルギーに満ち溢れていくのを感じ、気力が湧いてきます。まさしく気の力です。また、腹式呼吸で肺活量も増えていくので、稽古を重ねることで、スタミナが充実していきます。

副交感神経の高まりで精神安定、よく休息できる

深長呼吸で、特に吐く息を意識した太極拳では、副交感神経が優位に働くので、心が落ち着きます。副交感神経は休息の神経。夜、寝る前に太極拳を行えば、ぐっすりと眠ることができ、不眠などに悩まされることもないでしょう。たっぷりの休息は元気のもとですね!

深く長い呼吸が血液循環を促し、疲れ知らず・活力アップ

深く長い呼吸は血液循環をよくし、新陳代謝を促進します。動くためにはエネルギーが必要ですが、エネルギーとなったグリコーゲンは乳酸に変わって疲労要素として筋肉の中にたまってきます。すると疲れやだるさを感じます。しかし、酸素を十分に含んだ新鮮な血液が流れると、疲労要素の乳酸の1／5量が酸素と化合して、また新しいエネルギー源に生まれ変わるのです。太極拳をすれば、血液も滞りがちな体の各部に酸素たっぷりの血液が流れていくことで、疲労を感じにくくなる、疲労回復が早くなり、自然に活力が湧いてくる、というわけです。

争わない・競わない・比べない思想が心の平穏をもたらす

楊名時太極拳の思想は、「争わない・競わない・比べない」。太極拳を行う目的は自分の健康、そして人の健康と幸せをも願うこと、と教えた楊名時師家。その教えが楊名時太極拳を楽しむための大切な約束になっています。

演舞の上手い下手や、太極拳のキャリアの長さを人と比べたり競ったりせず、ともに高め合う心を共有することで、太極拳に集中し、心穏やかに太極拳を楽しむことができます。そして、楽しみながら長く稽古を続けることができるからこそ、健康で若くいられるのです。

筋肉や関節をほぐし、体の痛みや疲労感を改善する

太極拳のゆったりとした動きは、ストレッチ効果があり、全身の緊張している筋肉や関節をゆるめ、もみほぐしてくれます。また、日常生活ではあまり使うことのない筋肉をくまなく使うので、体がのびのびとし、ほぐれて、体の痛みがやわらいだり、体にたまりがちな疲労感やだるさも軽減してくれます。

驚きの若さと元気の中高年のみなさんが、楊名時太極拳の健康効果を証言します！

74歳でヒマラヤ登山

清水徳三さん

69歳で乗馬も山登りも満喫

手塚理雄さん

76歳で現役声楽家

清水伸子さん

44歳で松濤館流空手をメキメキ上達中！

七海　剛さん

88歳で驚くような美肌

今井治さん

18ホールも余裕のゴルフ三昧

ゆったりとした動きが新陳代謝を高め、肌の老化を防ぐ

「老けた」という印象は、肌から感じやすいものです。太極拳の深く長い呼吸は血液循環をよくし、新陳代謝を促進します。血の巡りが滞り、血液中の酸素の供給が十分でないと、疲労物質といわれる乳酸が筋肉に残り、それが細胞にじわじわとダメージを与え、やがては肌を衰えさせるのです。つまり、太極拳の呼吸は、血液の流れをよくし、肌をいきいきとさせる効果があるということ。稽古を長く続けていけば、いきいきした肌を保ち、肌の老化を防ぐことができます。

腹式呼吸の内臓マッサージ効果で内臓が丈夫になる

太極拳では腹式呼吸が基本。腹筋と横隔膜を大きくリズミカルに動かすことによって、血流がよくなり、体の中の内臓のマッサージ効果が出てくるのです。続けることで胃・腸・肝・腎・膵などの内臓が丈夫になっていきます。高かった血圧が下がり安定して不安がなくなったり、病気に対する抵抗力が増して元気を保てます。さらに、胃腸が丈夫になることで食が楽しめ、生活が豊かになります。そんな効果が若さを保つ理由になるのでしょう。

インナーマッスルを鍛えて、若い姿勢を保つ

頭や気持は若くても、背中が丸まっていると老けて見えるものです。姿勢がいい人は、それだけでハツラツと若く見えます。太極拳は、ゆったりとした動きでインナーマッスル（人体の内側の骨に近い方の見えない筋肉のこと。対してアウターマッスルは、外からでも見える、人体の浅い層の筋肉のこと）を鍛えることができます。インナーマッスルは、〝姿勢保持筋〟と呼ばれるほど姿勢と関係が深く、インナーマッスルを鍛えることで、若々しい姿勢を保つことができます。

ゆったりとした動きで足腰を鍛え筋力・体力アップ

太極拳のゆったりとした動きは、一見ラクそうに見えて実は結構キツイもの。腰を落とした騎馬立ちの姿勢や、片足立ちなど、筋肉に刺激を与えることで筋肉が鍛えられ、筋力がアップします。また、動きを止めずに動き続けること、継続的に稽古することで、自然に体力もついていきます。

We can be forever young!

内面から湧き出てくる真の美が、あなたをエイジレスに見せる

楊名時師家は言いました。
「長く稽古を続けてきた方に本当の歳を聞くと、
びっくりするほど若々しく美しく、みなさんいきいきとしている。
それは心も体も健康で、気が充実し、
内面から湧き出てくる真の美があるからです」
この真の美しさこそが、加齢を感じさせない若さ、
いつまでも変わらない、
あなたという存在の魅力になるのではないでしょうか。

エイジレスを目指しましょう！

P.60 ～ P.62 参照

八段錦／第五段錦

【揺《ヤオ》頭《トウ》擺《バイ》尾《ウェイ》去《チュイ》心《シン》火《フォ》】

不思議なくらい元気ハツラツに

背筋を伸ばして、腰を軸に頭を揺り動かす第五段錦は、ストレスと疲労を取り去ります。続けることで自然に元気が全身からみなぎってくるのでハツラツとしてきます。イスに座ってもできるので手軽です。

ハツラツすぎてゴメンなさいね♪

① 背筋をのびのびと姿勢を整えます

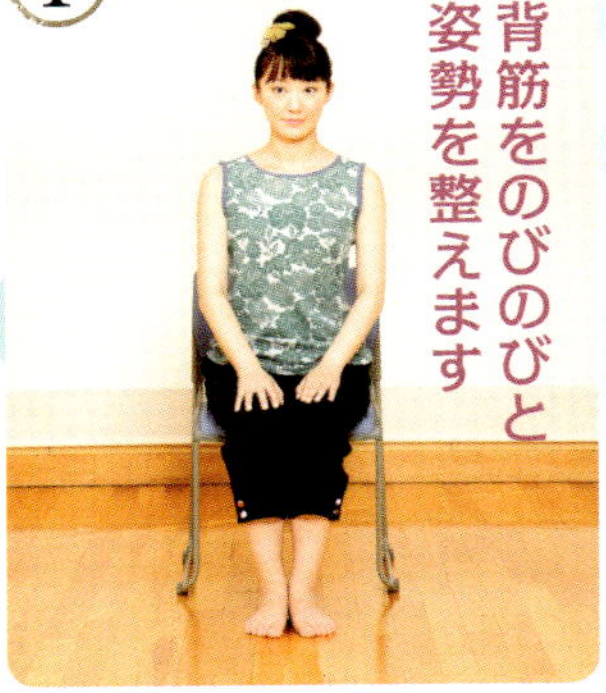

ここ見て 気持ちを丹田に集めます。猫背になっていませんか？

両足をそろえ、背筋をまっすぐにしてイスに座ります。

② 足を肩幅の倍の広さに開きます

足を肩幅の倍の広さくらいに開いて、深くゆっくり呼吸します。

③ 上体を右に向けます

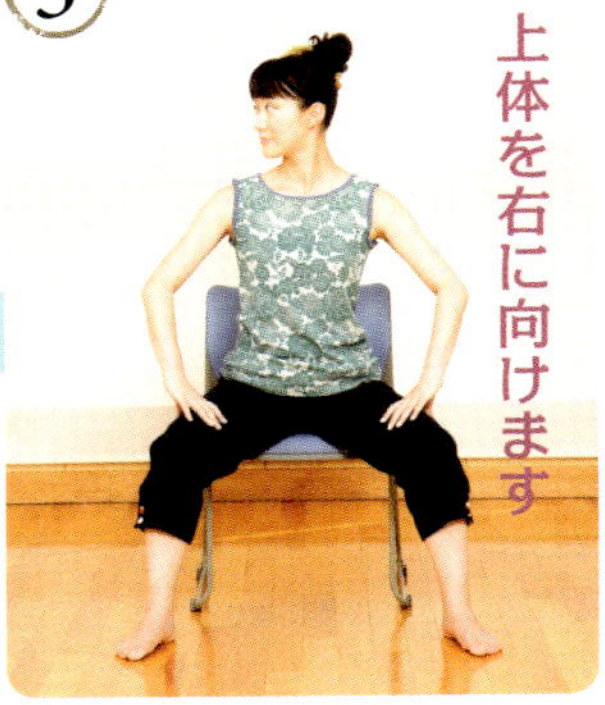

ここ見て 肩が内側に入らないよう、背筋をまっすぐに

背筋を伸ばし、息を吐きながら上体を右に向けます。

⑧ 首を元に戻す

ゆっくりと首を元に戻します。上体を前に倒したまま、腰を中心に左から右へ回していきます。

⑨ 上体を左から右に回します

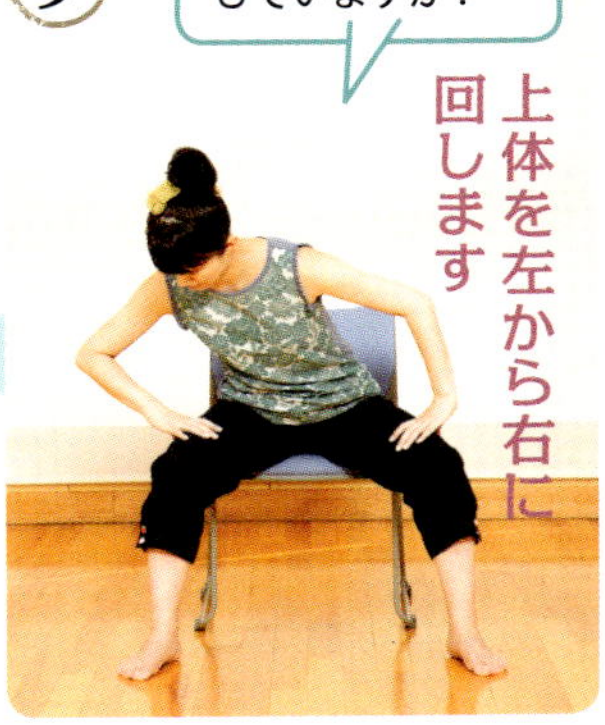

ここ見て 背筋はまっすぐ伸びていますか？

④～⑥と同じように、頭で半円を描くようにして、上体を右へ回します。

⑩ 上体を右ひざの上で起こします

右へ回してきた上体は、右ひざの上まで回していき、上体を起こします。

一体何歳？の元気ハツラツさの秘密

第五段錦は頭を動かし、首や肩の緊張をほぐすことで、本能や情動をつかさどっている脳の部分に働きかけ、精神の安定を図ります。雑念を払い無心で練習していれば、ストレスや不安も吹き飛び元気ハツラツとした毎日が過ごせるでしょう。また、第五段錦は、気を土踏まずに集めますが、土踏まずにある体の安定や健康増進に効く経絡を刺激するので、より効果が高いのです。

稽古の秘訣

頭から尾てい骨までまっすぐ貫かれているような意識で背筋を伸ばし、深い呼吸で動くことに気をつけてください。鏡を見て背筋がまっすぐか確認するとよいでしょう。呼吸と動作が合ってくると、特別充実感、爽快感が得られるので、それも元気の元になるはずです。

やってみましょう！

八段錦／第五段錦【揺頭擺尾去心火】yao tou bai wei qu xin huo

④

上体を右ひざ前に倒し、腰を中心に右から回し始めます。

⑤

頭で半円を描くように上体を右から左へ回していきます。

⑥

④と左右対称な位置（写真くらい）まで上体を左に回します。

⑦

ここ見て

首を折り曲げないように

左ひざの上で上体を止め、息を吸いながら首をゆっくり右に回して右足の土踏まずを見ます。

⑪

上体をゆっくりと正面に向けます

⑫

⑬

⑭

ここから③〜⑩と同じ動きで、今度は上体を左から右へ回します

⑮

⑯

⑰

⑱

上体をゆっくりと正面に向けます。終了するときは足を閉じて最初の姿勢に戻ります。

私はこれで今でも元気ハツラツ！ 証言

今でもプロの声楽家としてリサイタルを開いたり、指導をするなど、現役で活動しています。私は76歳ですが、一晩中リサイタルで、立って歌い続けていても全然平気なのですよ。自分がこの歳になっても若い頃と同じ、いい声を保ち、元気ハツラツで歌い続けていられるのは、まさしく太極拳の効果だと、驚きとともにありがたく思っています。

太極拳は簡単で誰でもできますし、「いい（＝よい）加減」でいい、ところがすばらしい。自分の体調に合わせて自由自在にできるからこそ、長く続けられるし、効果が出るのです。

清水伸子さん（76歳・太極拳歴33年）

もっとお導きを

イスに腰かける深さはこれくらいが目安です。上体を前に倒し回すときも、無理をして深く倒す必要はありません。自分のできる範囲で大丈夫です。

エイジレスを目指しましょう!

P.48 ～ P.50 参照

八段錦／第二段錦

【左《ズォ》右《ヨウ》開《カイ》弓《ゴン》似《シー》射《シャ》雕《ディアオ》】

足腰が丈夫になる・転倒防止に効果バツグン

腰を落として馬にまたがるイメージの騎馬立ちの姿勢の第二段錦は、足や腰まわりの筋肉を強化します。続けていくことで、転ばない、転びそうになってもシッカリこらえて体を支えられる丈夫な足腰をつくります。

1

両足をそろえ、背筋を伸ばして立ちます。

2

左足を肩幅の倍の広さに開き、両手の甲を上にして肩の高さまで上げていきます。

3

ここ見て

息をゆっくり吐きながら下へ

背筋をまっすぐに伸ばしたまま、両手を前に下ろしながら腰を落として騎馬立ちになります。

8

手を正面に戻し、同時に腰を少し浮かせます。

9

腰を少し浮かせたまま、両手を拳に戻します。

10

息を吐きながら腰を落とし、拳をほどいて体の前に下ろします。

足腰を鍛えて、転ばないように

足腰が弱ると痛みが出て、歩くのがつらくなったり、動くのがおっくうになり、老化が進みがちです。不用意な転倒を防ぐためにも、普段から足腰を丈夫にすることが大切です。この第二段錦は腰を深く落とした騎馬立ちの姿勢を長く保つので、足腰が鍛えられます。続けているうちに騎馬立ちの姿勢も苦ではなくなっていきます。つまり、それだけ足腰が効果的に鍛えられるということです。

稽古の秘訣

足腰を丈夫にするには、上半身をまっすぐにして目線を下げないように意識します。第二段錦では左右に胸を大きく開いていくので、体が傾いていると上手に動けません。きちんと腰を落とし、上半身をまっすぐに支えるように気をつけます。騎馬立ちがきついときは足幅を小さめに。

『足腰が丈夫になる・転倒防止に効果バツグン』

八段錦／第二段錦【左右開弓似射雕】zuo you kai gong shi she diao

④

拳を軽く握ります

両手を軽く握って拳をつくり、ゆっくり肩の高さまで引き上げます。腰の位置も少し上がります。

⑤

ここ見て
目線は手に
左手をVサインにします

腰を落としたまま拳を向かい合わせたら、左手でVサインをつくります。

⑥

ここ見て
胸を広々と左右に開くイメージで
左手を押し出していきます

弓を射るように右手を胸に引き寄せ、Vサインの指の間を見て左手を横に押し出します。

⑦

左手を押し出し、弓を射るポーズ

左手の動きを目線で追いながら、首を左にゆっくり回します。

⑪

⑫

⑬

今度は左右逆にして行います。④〜⑩と同じ要領で、今度は右手を押し出していきます。

⑭

⑮

⑯

⑰

上体を上げます

上体をゆっくり上げ、両手は自然にたらした自然立ちに戻ります。

⑱

もとの姿勢に戻ります

左足を寄せて、最初の姿勢に戻ります。

証言 私はこれで足腰が丈夫になった！

糖尿病などで体調が悪くて、40歳のときに太極拳を始めました。3年もすると持病の腰痛が解消していたり、いろいろな効果を実感できました。

太極拳が上手になるには、しっかりした下半身をつくるのが大切。老化は足から始まりますからね。太極拳のおかげで下半身が鍛えられて足腰もずっと丈夫なまま、今でも山登りや乗馬を楽しんでいます。太極拳は終えた後の爽快感がたまらない。ちょっと気になることがあっても、精神的なストレスもなくなって、太極拳の稽古の後はルンルンな気分で帰ってくるんです。

手塚理雄 さん
(69歳・太極拳歴 29年)

もっとお導きを

上体がこんなふうに前かがみになったり、お尻が突き出ていませんか？ 背筋をまっすぐにして、上半身を腰の上に乗せる意識を持ちましょう。

エイジレスを目指しましょう！

P.120 ～ P.121 参照

二十四式太極拳／十四式

【双《シュアン》峰《フォン》貫《グァン》耳《アル》】

スタミナ回復が早い・疲れが残らなくなる

片足立ちから両手を下ろしながら踏み出し、両拳で相手の耳を挟む動きの十四式。力強く踏み出した足や両拳に気を通すことで、体に充実感がみなぎって体力増強、疲れ知らずになります。

④ 両手で拳を握ります

ここ見て
ひじは軽く曲げます

重心を右足に移しながら、腰の横で軽く拳を握ります。

⑤ 両拳を前に出します

ここ見て
拳がハの字になるように注意

握った拳を左右とも円を描くように顔の前まで上げ、両拳を突き出します。

拳にエネルギーがみなぎってスタミナ抜群！

十四式は片足立ちの姿勢からバランスを取って一歩踏み出し、進行方向の前方に拳を構える動きです。前進の動きに合わせて拳をつくり、弓歩では下半身をしっかり安定させることで集中力が高まり、全身にやる気がみなぎるのを感じられます。深く長い呼吸とともにゆったりと動くことで充実感が広がり、疲れをじんわり回復していきます。

左ページの清水さんは、なんと74歳でヒマラヤ登山という驚異のスタミナの持ち主ですが、太極拳なしでは実現できなかったとか。太極拳の深長呼吸は、筋肉の深層部にあるインナーマッスルを鍛えます。横隔膜はインナーマッスルの代表格ですが、太極拳の呼吸によって横隔膜が強化されることで、心肺機能がアップします。スタミナ＝持久力・体力ですから、心肺機能が高くなれば、それだけ体に酸素をたくさん行き渡らせることができるので、スタミナがつく、ということです。

70代でヒマラヤ登山も夢ではない！

稽古の秘訣

拳をしっかりと意識して動いていくことがポイントですが、拳を握るときはギュっと力を入れる必要はありません。少しゆとりをもって軽く握ります。拳だけに集中すると、呼吸がつまったり、止まったりしてしまいがち。呼吸を止めないことが大切です。あくまでも体全体と手の調和をイメージして動いてみましょう。

両手を前に出したときは、胸の前をゆったりさせ、肩、ひじが上がらないように気をつけましょう。片足立ちしているときは、軸足のひざを少しゆるめて、床に根が生えたようなイメージでしっかり安定させます。

二十四式太極拳／十四式【双峰貫耳】shuang feng guan er

ここから

1

蹴り出した右足を折り、両手を体の前に引き寄せます。

2

息を吐きながら、両手のひらを上向きに下ろしていきます。

3

両手のひらを上向きにして腰のあたりまで下ろし、右足かかとから踏み出します。

私はこれでスタミナ抜群・疲れ知らずになった！

証言

清水徳三さん
(77歳・太極拳歴34年)

太極拳を始めたのは34年前。胃腸が弱くて悩んでいたところ「太極拳がいいよ」、と友人に勧められて楊名時先生の教室で教えを受けるようになったのです。

2、3年くらいすると効果を感じるようになりましたね。やがて指導者として教室で太極拳を教えるようにもなり、以来ずっと太極拳ライフを満喫しています。学生時代から登山をやってきましたが、3年前には74歳でヒマラヤにも登ったんです。これも長年の太極拳によるスタミナ効果だと実感しています。

太極拳の呼吸がその秘密だと思いますが、呼吸は生きるために一番大切なもの。太極拳の呼吸は普段の呼吸と全然違いますよね。ゆったりした深い呼吸はスタミナをつける。太極拳の呼吸は横隔膜を鍛えて厚くするため、心肺機能を高めるのですね。私は77歳ですが肺活量は自慢の5000cc。学生時代は4200ccだったんですよ。増えているとは、最近測定してみて本当に驚きました。

私の弟子で、喘息を患っていた人が太極拳を始めたら、5年間で肺活量が50％アップして、発作も全然なくなったという事例もあります。私はまだ現役で歯科医師をしていますが、今が一番、充実していい仕事をしている自信があります。これも太極拳の賜物だと本当に感謝しています。

スイスアルプスにて

エイジレスを目指しましょう！

P.52 ～ P.54 参照

八段錦／第三段錦

【調《ティアオ》理《リー》脾《ピー》胃《ウェイ》須《シュ》単《ダン》挙《ジュイ》】

四十肩・五十肩。無縁か改善！

手を上下に大きく動かす第三段錦は、肩の関節をほぐして肩の可動域を広げてくれます。毎日続ければ四十肩や五十肩なんて無縁！症状がある方は、無理のない範囲で始めてみましょう。

①

足を閉じて立ちます

両足をそろえ、背筋を伸ばして立ちます。

②

両手を上げていきます

左足を肩幅に開き、息を吸いながら、両手の甲を上にしてゆっくり上げていきます。

③

ここ見て

細く、長く、深い呼吸を意識して

両手を肩の高さまで上げます

息を吸い続け、肩の高さまで上げていきます。

⑧

左手を下ろしていきます

左手を頭上まで押し上げ切ったら、ゆっくり息を吐きながら弧を描くようにして下ろしていきます。

⑨

左手を下ろし自然立ち

左手が下りたら両手を腰の脇に戻し、自然に立ちます。

⑩

ここ見て

ここから左右逆の動きです

今度は左右逆にして行います。③～⑧と同じ要領で、今度は右手を上げて下ろします

88歳で18ホールもへっちゃらよ

予防や症状改善は、こんなイメージを持つことから

肩はあまり使わないと、関節が固まってきて動きが鈍くなり、可動域が狭まっていきます。それを超えて動くと痛みを引き起こします。自分の回りに大きな天地・左右を感じ、上の手は天を押し上げ、下の手は地を押さえるようなイメージで呼吸を合わせて、肩を体の内側から開いていくように動かしてあげると、肩の可動域が広がり、肩はだんだんとしなやかに動くようになっていきます。

稽古の秘訣

痛みがあり、肩が思うように上がらないときは、無理をする必要はありません。できる範囲で大丈夫。姿勢を整えて、できるだけ手を遠くへ伸ばしていきましょう。手や腕だけを動かすのではなく、自分の体の内側から、まんべんなく肩全体を伸ばしていく意識を持つことがポイント。

やってみましょう！

『四十肩・五十肩。無縁か改善』
八段錦／第三段錦【調理脾胃須単拳】tiao li pi wei xu dan ju

4

両手のひらを返します

ゆっくりと顔の前で両手のひらを返し、下に向けます。

5

両手を下ろします

ここ見て
体軸を意識し、左右のバランスを保つように

ゆっくり息を吐きながら、左手をみぞおちのあたりまで、右手を腰まで下ろします。

6

左手を上げます

左手を、弧を描くように頭上まで押し上げていきます。

7

左手を頭上まで上げます

ここ見て
背骨はまっすぐになっていますか？

右手を頭上まで押し上げます。

11

12

13

14

15

16

もとの姿勢に戻ります

右手が下りたら、左足を寄せて最初の姿勢に戻ります。

証言 私はこれで四十肩・五十肩とは無縁でした！

今井 治さん（88歳・太極拳歴36年）

太極拳よりゴルフ歴のほうが長いのですが、88歳の今でも、2日間続けて18ホールプレイしても、体の疲れを感じません。もちろん四十肩、五十肩とも無縁でしたね。若い頃は肩こりがひどくて頭痛持ちで、頭痛薬が手放せなかったのに、太極拳を始めたらすっかりよくなりました。

そして、以前は痩せっぽちだったのが、太極拳によって筋力がついてたくましくもなったし、せっかちだった性格も、少しゆったりとするようになりました。もしも太極拳がなかったらゴルフも続かなかったし、太極拳と出会っていなかったら、今の自分はなかったと思います。

「競わない、比べない」楊名時太極拳の魅力は、体の外面だけでなく、心という内面も磨くことができること。90歳になってもみんなで仲良く太極拳ができたらいいと願って、日々頑張って稽古に励んでおります。

エイジレスを目指しましょう！
P.68 ～ P.70 参照

八段錦／第七段錦

【攢《ザン》拳《チュエン》怒《ヌー》目《ムー》増《ゼン》気《チー》力《リー》】

血圧が下がって不安がなくなる

「拳を握って目を怒らせて気力を増す」の名の通り、体にパワーが充満する実感がもてる第七段錦。たくましい筋肉や骨格をつくり、血圧を下げるのに非常に効果的です。

自然に血圧が下がってました…

1

両足をそろえ、背筋を伸ばして立ちます。

2

ここ見て

下半身を安定させて騎馬立ちです

左足を肩幅の倍の広さに開き、両手をゆっくりと下ろしながら腰を落とします。

3

拳をつくり、立てたまま胸の高さまで引き上げます。

8

両手を弧を描くように下げていきます。

9

ゆっくり息を吐ききって、両手をここまで下ろします。

10

今度は左右逆にして行います。③～⑩と同じように動き、⑪では右拳を突き出します。

血管を健康にして血圧をいい状態に

騎馬立ちの姿勢は、ももの大きな筋肉を強く刺激します。それにあわせて、ゆったり呼吸をすることで血流がよくなり、血管もしなやかになるので、血圧を下げる効果が期待できます。また、血圧が低い人も、血流が促されることで血圧の安定が期待できます。太極拳の呼吸と動きが血管を健康にして、血圧をいい状態に整えてくれるのです。血圧が整うと不安が減って気持も安定しますよね。この第七段錦で血圧の不安を解消し、笑顔を手に入れましょう！

稽古の秘訣

拳を突き出すときに気合が入りすぎると呼吸が詰まってしまいます。できるだけ細く長い呼吸を続けることを心がけましょう。そして、騎馬立ちの腰の上下は、高さにこだわらなくてよいので、充実したときに腰が上がり、息を吐いたときにゆるんでいく、この基本ができていれば十分効果が期待できます。

『血圧が下がって不安がなくなる』

八段錦／第七段錦【攢拳怒目増気力】zan quan nu mu zeng qi li

ここ見て
目線は拳に

4 左拳を突き出します

再び腰を下ろしながら、左拳を左前方に突き出し、右拳は胸の前に引きます。

5 両拳を戻します

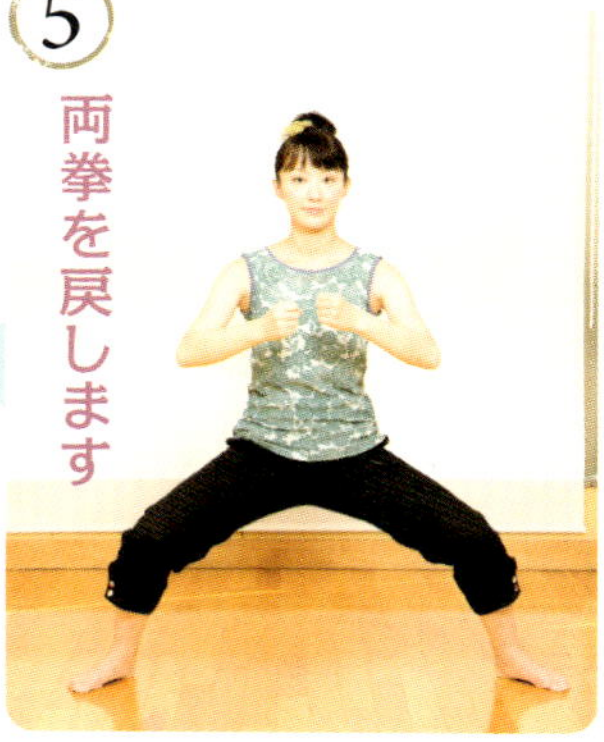

腰を軽く上げながら、両手を拳のまま胸の前に戻してさらにゆるめます。

6 両拳を頭上まで上げます

息を吸いながら両拳を上げていきます。額の前に拳がきたら拳を返して上向きにします。

7 拳をほどきます

拳が頭上にきたら1，2秒保持してから、拳をほどきます。

11

12

13

15

16

17 もとの姿勢に戻ります

左足を寄せて最初の姿勢に戻ります。

私はこれで血圧が下がりました！ 証言

手塚理雄さん
（69歳・太極拳歴29年）

もともと糖尿病で本態性高血圧を患い、血圧が高かったのです。それが29年前に太極拳を始めてから3、4年で自然に血圧が落ち着き始めて、血圧が下がるようになりました。この第七段錦は動きに強弱があることで循環機能に有効で、血液循環と、気の流れがよくなり、結果、血圧が安定するのではないでしょうか。

自分は獣医師なので、太極拳の効果をずっと医学的に分析してきましたが、本当に健康効果が高いと思います。それに楊名時太極拳は哲学もいい。「競わない、争わない、比べない」という教えで、人生のつまらないことへのこだわりがなくなりました。

もっとお導きを

イスに座ってでも十分効果的

第七段錦はイスに座ってでも十分効果が得られます。これなら足腰に自信のない方でも、車椅子の方でもできますね。また、デスクワークなどの合間にも手軽に行えるので続けやすい。おすすめです！

エイジレスを目指しましょう!

P.56～P.58参照

八段錦／第四段錦

【五《ウー》労《ラオ》七《チー》傷《シャン》往《ワン》后《ホウ》瞧《チァオ》】

疲れ目に効く&イキイキした瞳を取り戻して若く!

自律神経を安定させ、血液の循環をよくするという第四段錦。目線も首の動きと一緒に動かすことで目のまわりの筋肉もほぐし、目の疲れの回復にも効果があり、目にも活気や輝きが戻ります。

①

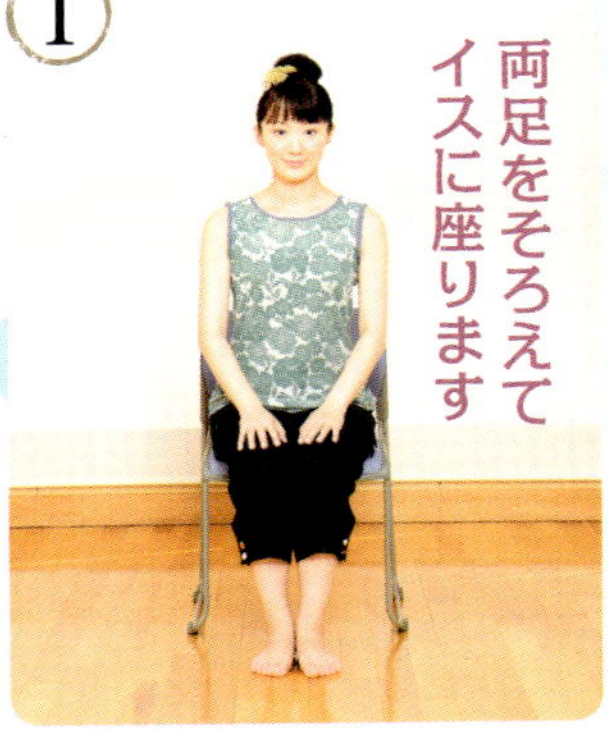

両足をそろえ、背骨をまっすぐにしてイスに座ります。

②

両足を肩幅の広さに開き、両手のひらを上にして上げていきます。

③

ここ見て

細く、長く、深い呼吸を意識して

息を吸い続け、肩の高さまで上げていきます。

⑧

ここ見て

意識は左の足裏に

息を吐きながら両手を腰の脇に下ろしていき、首を右後方に向けます。目線は水平に移動。

⑨

手のひらを上向け、息を吸いながら、両手を上げていきます。

⑩

息を吸い続け、両手を肩の高さまで上げます。

瞳、キラキラ★させませんか?

第四段錦は目に効きます

普段の生活で、眼球を大きく動かすことはなかなかないと思います。また、新聞やパソコンを長時間見続けていると肩や首が凝ったり、目や頭が痛くなることがありますよね。なぜなら、目を長く酷使していると頭の中の血流が滞り、頭痛を引き起こすからです。首が凝ると頭が重くなり、目や表情に精気もなくなり、気分も沈みがちになるものです。

この第四段錦は首を左右に動かし、眼球をグッと後ろに運んでいくことで、首、目の周辺の筋肉をほぐします。その結果、頭の血液循環がよくなり、目にも輝きが戻ってきます。また、眼の疲れの緩和にも効果的です。目がイキイキとしていると、とても若々しく見えるものですよね。さぁ、毎日続けて瞳キラキラの中高年をめざしましょう!

『疲れ目に効く＆イキイキした瞳を取り戻して若く！』

八段錦／第四段錦【五労七傷往后瞧】wu lao qi shang wang hou qiao

ゆっくりと手のひらを下に向け下ろしていきます。

ここ見て
意識は右の足裏に

息を吐きながら両手を腰の脇に下ろしていき、首を左後方に向けます。目線は水平に移動。

6

ゆっくりと手のひらを上に向け、息を吸いながら上げていきます。

7

両手を肩の高さまで上げ、ゆっくりと顔の前で手のひらを下に向けます。

ゆっくり息を吐きながら両手を腰の脇まで下ろします。

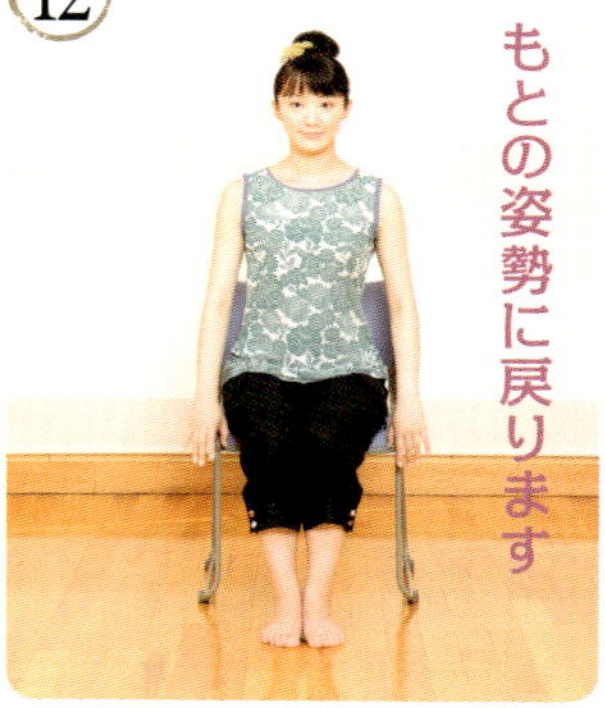

足を閉じて最初の姿勢に戻ります。

もっとお導きを

視線を左右に向けるときはしっかりと

視線を左右後方に向けるときは、首の痛みに注意して、眼球を大きく動かすようにします。目の回りの筋肉がほぐれて血液循環がよくなるので、目への効果も高まります。

私はこれで瞳イキイキ！ 目のトラブルもなし 証言

清水伸子さん（76歳・太極拳歴33年）

昔は近眼で眼鏡が手放せなかったのです。それが太極拳を始めて近視がストップして、今では裸眼で大丈夫です。60歳以上になると80％もの人が白内障に悩まされるそうですが、私は目のトラブルとは無縁でありがたいです。太極拳は、手の動きを目で追ったり、目も使う動きが多いので、目の周りの筋肉を鍛えて、目の働きの衰えを防いでくれるのだと思います。

目が元気だから、自然に表情も明るく元気に見えるのか「信じられないくらい若い！」とよく言われるんですヨ。

稽古の秘訣

首を左右に向けるだけではなく、眼球を大きく動かし、視線をできるだけ後方まで運ぶこと、視野をできるだけ広くすることを意識しましょう。あごを引き、背筋をまっすぐにして、深く長い呼吸をし続けることも忘れずに。

やってみましょう！

10歳若く見える姿勢づくり

エイジレスを目指しましょう!
P.17、P.82～P.83参照

【立《リツ》禅《ゼン》】
二十四式太極拳
【十《シー》字《ズー》手《ショウ》】

動く前の準備姿勢として、心を平穏に保ち、気力を充実させる【立禅】と【十字手】。イスに座ったままでもできるので、足腰への負担も少なく手軽なのが利点。毎日でも続けることが大切です!

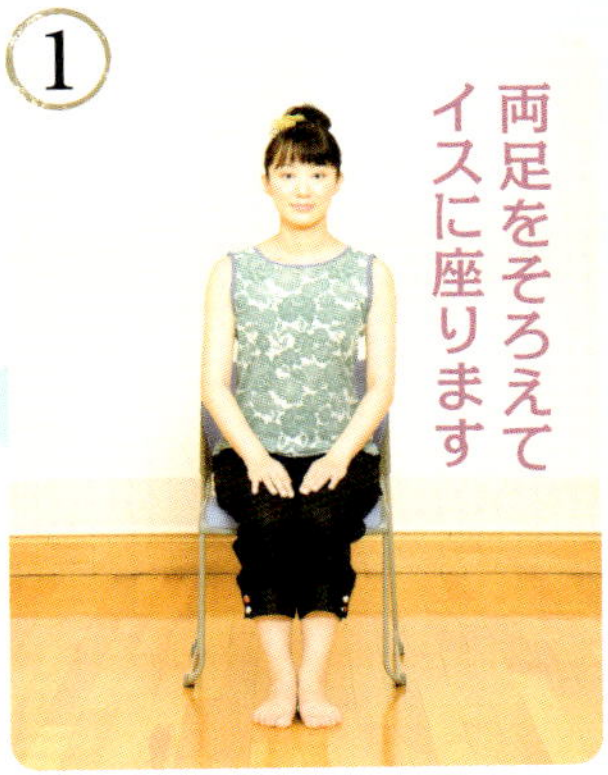

両足をそろえ、背骨をまっすぐにしてイスに座ります。

イスに座る深さはこれくらいが目安です。

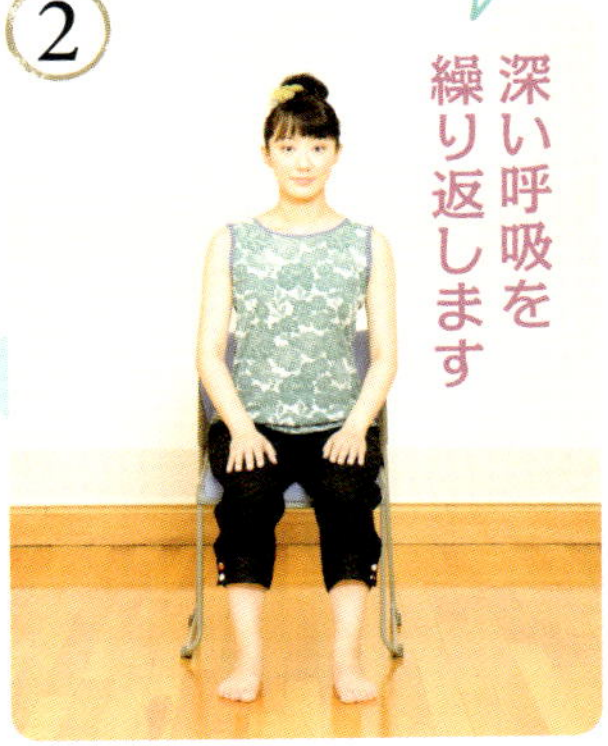

ここ見て
気持ちを丹田に集めます。猫背になっていませんか?

足を肩幅の広さくらいに開いて、1息（吸って吐いて）が30秒くらいになるよう、深くゆっくり呼吸します。

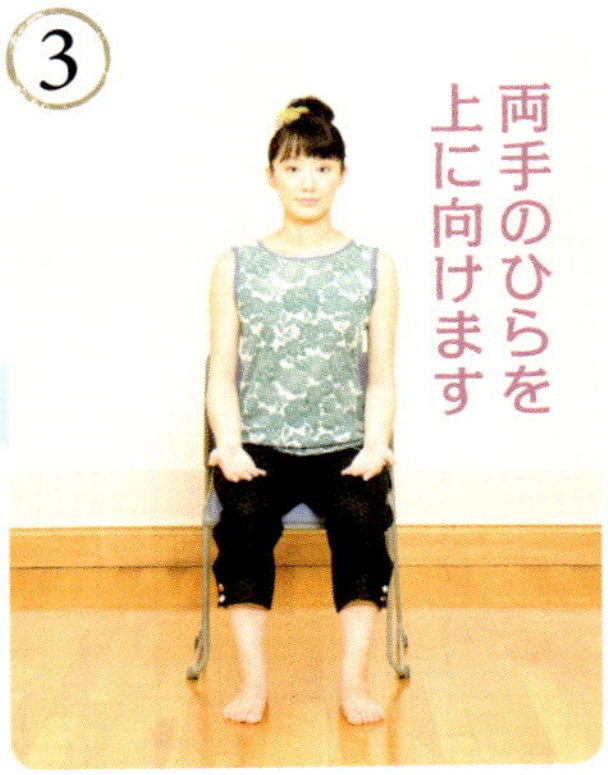

ひざの上に置いていた両手をゆっくりと上に向けます。

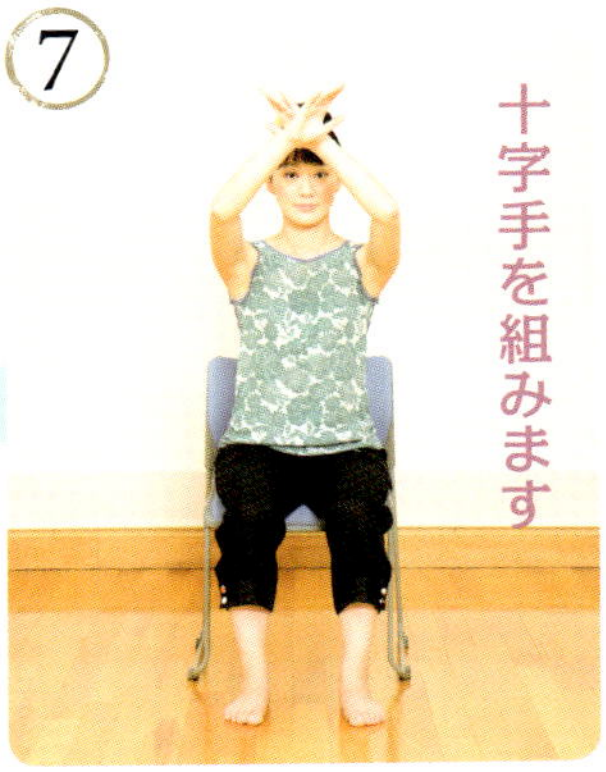

右手が外、左手が内側になるように両手を交差させます。

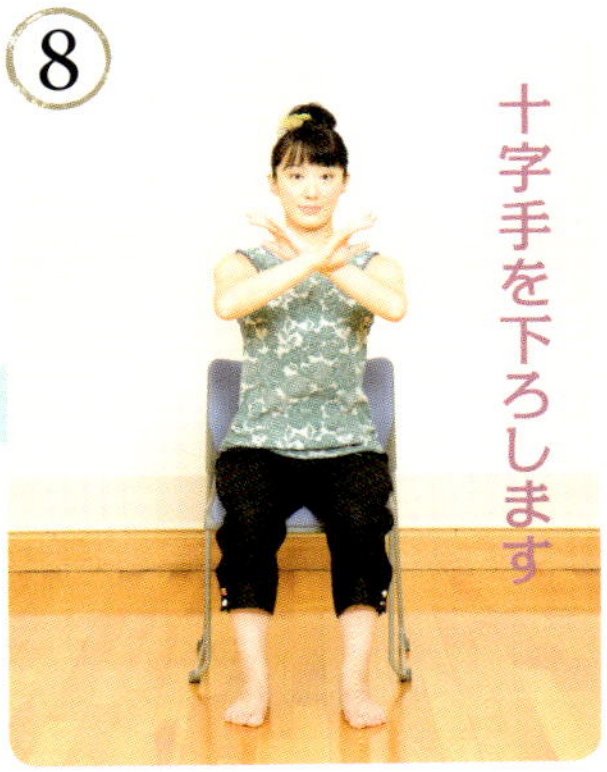

息を吐きながら両腕を交差させたまま、胸の高さまでゆっくり下ろします。

私、何歳に見えるかしら?

姿勢がいいだけでウンと若く見えます

首や背中が前かがみになっていると老けて見えるもの。頭から背筋がまっすぐ伸びた姿勢だけで、ウンと若く見えます。立禅は足が大地にしっかりと根を下ろし、頭は天から引き上げられているイメージを持つことで、まず自分の中で縦のラインを意識できます。この姿勢で十字手をすることで、体の中心ラインをなぞり、よい姿勢を再度意識することができるのです。

稽古の秘訣

〝姿勢を矯正する〟と難しく考えず、目線から意識することがポイントです。視線を平らに遠くを見るようにするだけで背骨がまっすぐに伸びてきて、姿勢が起き上がってきます。深呼吸をするときにも視線を遠くに平らにキープするよう気をつけて。

4

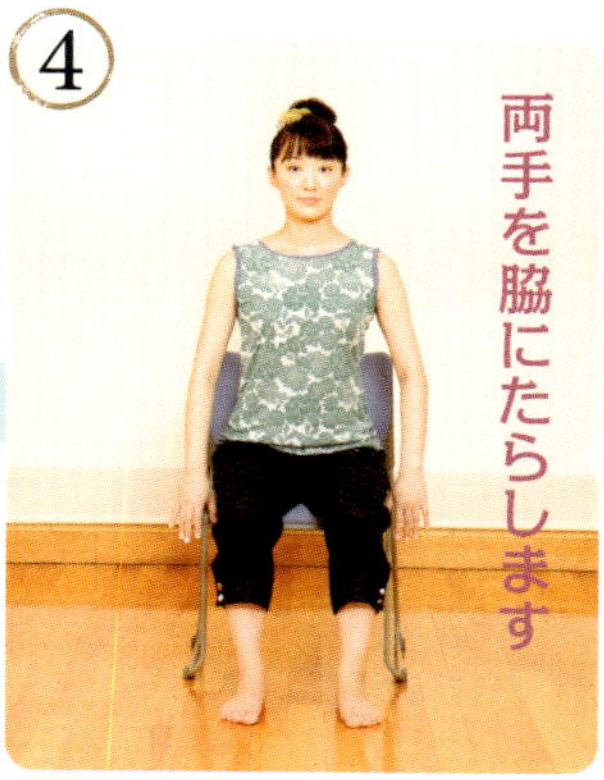
両手を脇にたらします

手のひらを後ろ向きにして、両手を両側にたらします。

5

両手を上げていきます

息を深く吸いながら、両手を横にゆっくり大きく開いて上げていきます。ここから十字手になります。

6

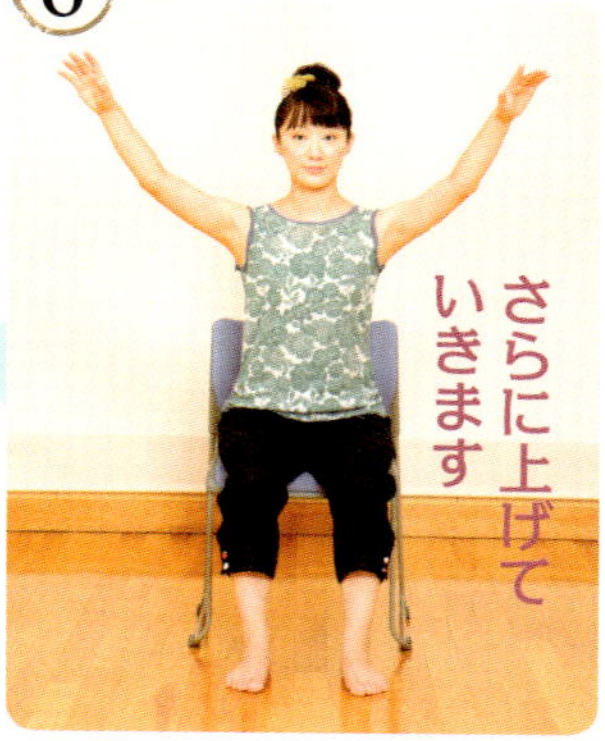
さらに上げていきます

額のななめ前まで大きな円を描いていきます。

9

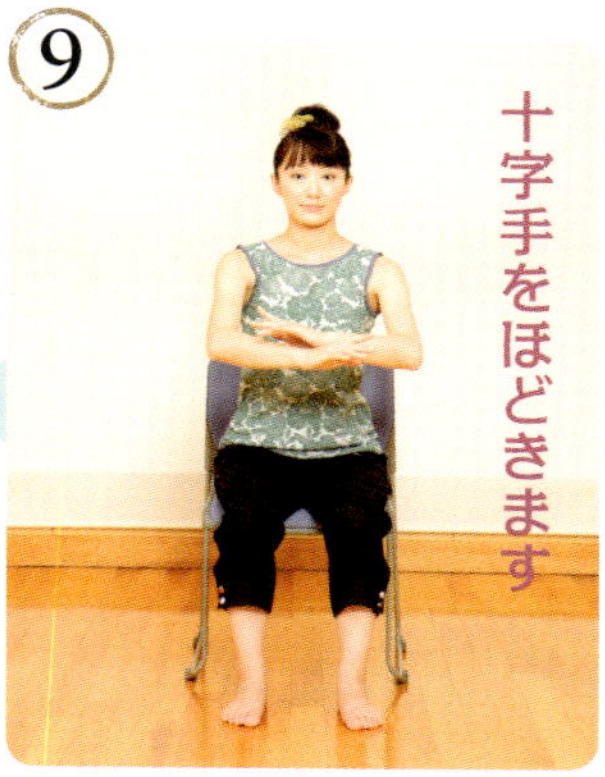
十字手をほどきます

みぞおちのあたりまで十字手を下ろしたら、ほどいて両側に下ろしていきます。

10

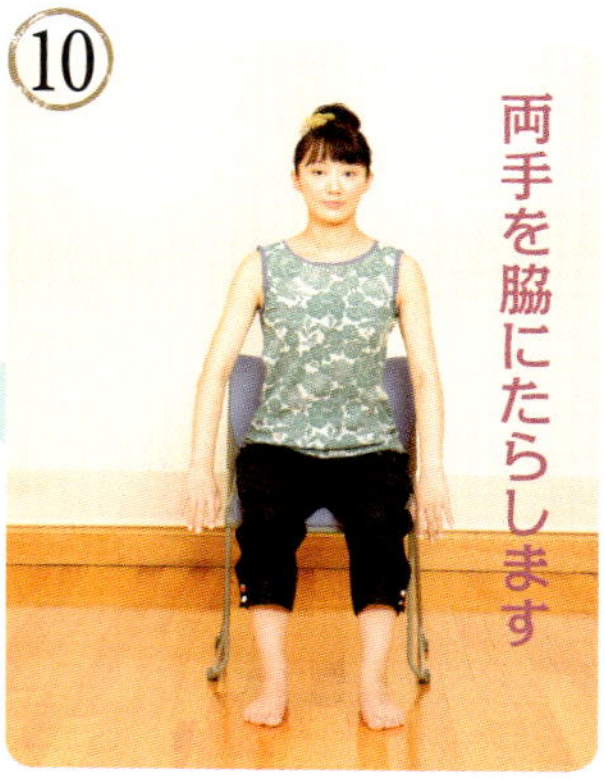
両手を脇にたらします

両手のひらは後ろ向きにして、両側にたらします。④の姿勢に戻ります。

11

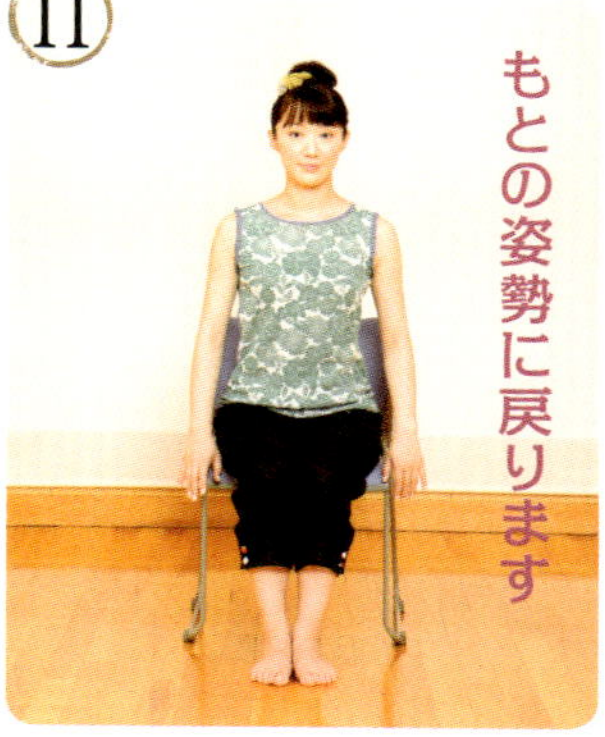
もとの姿勢に戻ります

両足を戻して、そろえます。

もっとお導きを

イスに座るときは、猫背にならないよう背筋をまっすぐ伸ばします。③〜④で目をつぶるか、半眼にして、丹田に気を集めて、深く長い腹式呼吸を3〜5分とってみましょう。立禅をたっぷり行うとより効果的。

証言 私はこれでウンと若く見えるようになった！

今井 治さん
（88歳・太極拳歴36年）

楊名時先生の大きさと温かさに魅了されて太極拳を始めたのは52歳の頃。更年期で湿疹に悩まされていたのが、太極拳を始めてすっかり治ってしまいました。姿勢もずっとよくなかったのが、こんなふうに88歳の今も「姿勢がいい」と誉められるのは立禅のおかげ。毎日5分は立っていますよ。年齢を言うとビックリされて、20歳も若く見られることもあったりします。

今も月に3、4回は自分で車を運転してゴルフに出かけています。泊まりがけで連日ラウンドしてもへっちゃらですから、体力にも不安がなく、本当に健康生活を楽しんでいます。楊名時太極拳は「継続は力なり」で、続けていると健康だけでなく、心も豊かになれる。本当にすばらしいものですね。

エイジレスを目指しましょう!

P.124 ～ P.127 参照

二十四式太極拳／十六・十七式

【左《ズオ》下《シャァ》勢《シー》独《ドゥ》立《リー》・右《ヨウ》下《シャァ》勢《シー》独《ドゥ》立《リー》】

体を引き締め若く見せる

低い姿勢からの片足立ちをする十六式【左下勢独立】と十七式【右下勢独立】ですが、片足立ちはちょっと大変という場合、前半部分の腰を落とす動きだけで十分に体を引き締める効果があります。

十六式前半

ここ見て
鉤手のつくり方はP.15を参照

ひざをゆるめて、重心を置いた右足に左足を寄せます。同時に右手を鉤手にして、左手は右肩に寄せます。

ここ見て
右足と左足が一直線上にならないように

ゆっくりと息を吐きながら、左足を斜め横に大きく踏み出し、腰を落とします。無理に腰を落とさなくても、股関節の柔らかさに合わせます。

十七式前半

ここ見て
目線は鉤手に

上体を左へ回しながら、左手を鉤手にします。

ここ見て
右足は、左足のラインよりも後ろに置いて

ゆっくりと息を吐きながら、右足を斜め横に大きく踏み出し、腰を落とします。

ワタシ、イケてると思うのだ!

体が締まると、がぜん若く見えて気力も充実

脚力や体力のない方でもできるよう、十六・十七式の前半部分だけ取りあげました。脚幅を広げ低い姿勢から前後に体重移動をしていくので、下半身全体に負荷がかかります。呼吸に合わせてゆっくり体重移動していくことで、太ももへの刺激や足の運動量が多く、下半身全体を引き締めてくれます。十六・十七式後半の立ち上がるところまですると、さらに効果があります。

稽古の秘訣

足幅を大きく開くことに意識がいきがちですが、それで姿勢やバランスが崩れては意味がありません。足幅にとらわれず前後への体重移動をきちんとすることを大切に。体重を移動していくときに、両足が伸びていくイメージが持てれば、それが引き締めの効果につながります。自分に無理のない足幅で続けましょう。

『体を引き締め若く見せる』

二十四式太極拳／十六・十七式【左下勢独立・右下勢独立】zuo xia shi du li & you xia shi du li

3

上体を左へ回します

上体を左へ回しながら、右手の鉤手をほどいて体の前へ、左手は下に。

4

重心を左足へ移します

上体を起こしながら、左つま先を外側に向け、重心を左足に移していきます。

5

上体を起こしていきます

さらに上体を起こしながら、右足つま先を内側に向けていきます。

6

右手を鉤手にします

体重をさらに左足に移し、背筋をまっすぐに伸ばして、右手は後ろで鉤手にします。

3

上体を左へ回します

上体を右へ回しながら、左手の鉤手をほどいて体の前へ、右手は下に。

4

ここ見て

上体を起こしたとき腰が折れてお尻が出ないよう

上体を起こします

重心を右足に移しながら、左足つま先を内側に向けながら、上体を起こしていきます。

5

左手を鉤手にします

体重をさらに右足に移し、背筋をまっすぐに伸ばして、左手は後ろで鉤手にします。

私はこれで体が引き締まりました！

証言

清水徳三さん
(77歳・太極拳歴34年)

50年間、体重が60kgをきったことがなかったのですが、今は60kgをきり、余分なぜい肉が落ちてスリムになっています。太極拳はどの動きも呼吸を正しくすれば、代謝があがって体を締める効果があると感じます。

今では体重を自分でコントロールできるようになりました。体調もとてもよく、気力も充実している。今が一番いい仕事ができている自信があります。人にも言いませんし、人に何も言ってもらえなくても、自分の中で「よし！ 今の自分、イケてるんじゃないか！」という充実感があるんですよ。自信が持てるから、この歳でも新しいことに挑戦する意欲にあふれていて、歯科医師として最近とても難しい手術にも成功したんです。この歳になって自分を誉められるということは、幸せなことですね。

元東大病院第三外科医長・日本ホリスティック医学の権威
師家・楊名時と親交の深かった

Dr.帯津良一先生が語る 太極拳の健康効果と魅力

西洋医学に中国医学を融合させたホリスティック医学のパイオニアであり、がん患者の治療に気功や太極拳を取り入れ、斬新な医療を行なってきたDr.帯津。楊名時師家とは、きっての“呑み友達”だったという帯津良一先生に、太極拳の健康効果と魅力、そして楊名時師家とのエピソードを聞いてみた。

1970年
Dr.OBITSU

気功・太極拳との出逢い

「私は東京大学医学部第三外科、都立駒込病院などで食道がんの手術を専門にやっていたのですが、西洋医学の限界を感じたので、中国医学のノウハウをがん治療に融合させようと思ったのです。しかし、当時、中国医学でがんの治療をしていた人は日本でほとんどいなかった。だから、東京都の姉妹都市である北京に招聘してもらい研修に行ったのです。1980年でした。そこで、肺がんの権威だった中国の大物医師が、2本の針麻酔だけで肺がん手術をしていたのを見て、すごく驚いたんです。

どうして針が効くのか？　と聞くと、『効く人と効かない人がいる。針が効く人は素直な人なのだ、けれど効かない人でも気功をやれば効くようになる。がん患者全員が手術前の3週間、みっちり気功をやる』と言うのです。その医療現場を見て、気功が中国医学では一番展望があると感じ、よし！　気功を覚えて帰ろう、と思ったわけです」という帯津先生。

中国から帰国後は「必ず東洋医学の時代が来る」と確信し、1982年、郷里の川越市に個人病院を設立、気功の道場を作って気功を教え始めた帯津先生。当時、日本に留学していた中国人に患者さんの気功の指導をしてもらったりして、気功のメニューや仲間が増えていきました。さらに、同じ頃、楊名時太極拳の指導をしていた奥様から、二十四式太極拳の稽古を受け、さっそくがん治療に取り入れ始めました。

「私が気功と、西洋医学・東洋医学を融合させたがん治療を始めてまもなく、アメリカからホリスティック医学というものが入ってきて、私はそれにシフトしていったのです。ホリスティックは人間をまるごと診る、という考え方なので、気功との相性がとてもよかった。太極拳も気功のひとつとして医療を通じて携わってきて、かれこれ29年です。そして楊名時先生とのおつきあいも長くさせていただいた。本当に楽しかったですよ」

太極拳の健康・医療効果

「一般的に太極拳も気功のひとつとしてとらえれば、こんなことがいえるでしょう。我々は交感・副交感神経のバランスをとって健康を維持しています。交感神経は『働く』神経、副交感神経は『休息』の神経。私たちは今、ものすごい情報とストレスの海で生きています。すると、自然に交感神経だけが高まり、副交感神経がおいてきぼりになっているのです。西洋医学的にいえば、吐く息を重視することによって自律神経の副交感神経が優位になります。そこで気功や太極拳の呼吸法をやると、副交感神経が高まってきて自律神経のバランスが回復します。これが西洋医学的に見た、太極拳の効果のひとつです。

もうひとつは、太極拳の腹式呼吸に理由があります。腹式呼吸は腹筋と横隔膜を大きくリズミカルに動かし、血流をよくし、内臓をマッサージする効果があります。腹式呼吸が内臓をマッサージすることは、西洋医学の生理学の実験で大昔から証明されてきたことで、すでに定説になっています。横隔膜を動かすこの内臓のマッサージ効果はお腹だけでなく、全身の臓器に効果が出るのです。

　このふたつが太極拳の西洋医学的に見た効果・長所といえます。

　さらには、私がホリスティック医学の研究をする中でわかってきたことですが、人間というのはエネルギーをうまく使って生きているわけです。太陽と植物の光合成で生まれるエネルギーをもらって人間は生命現象を営んでいるのですが、体は太陽からきたエネルギーを、体中で起こっている、いろいろな反応に即したエネルギーに変換するのです。その度に、エントロピーが増加する。

　エントロピーというのは医学的に説明しようとすると、とても複雑でわかりづらいけれど、文学的にいえば廃棄物のようなもので、これが出て体内に蓄積すると体の中の秩序が乱れて健康が害される。だから人間は発生したエントロピーを、吐く息や汗や大小便にのせて体の外に排出しているのだ、ということも医学の世界では定説になっています。なので、このエントロピーを捨てる、ということに呼吸法の一番大きなメリットがあるのです。つまり太極拳の深長呼吸はエントロピーを効率よく捨てることができるので、健康保持に有効なのです」

太極拳は「一期一会」の物語。二十四の型を通じて物語を紡ぐことによって、嬉しさやときめきが生まれてくるのです。

Profile
Dr. 帯津良一
Ryoichi OBITSU

帯津三敬病院名誉院長・医学博士。1936年埼玉県生まれ。東京大学医学部卒業、東京大学医学部第三外科、都立駒込病院外科医長などを経て、1982年帯津三敬病院を設立。2004年帯津三敬塾クリニック開業。日本におけるホリスティック医学の第一人者であり権威。『生きる勇気・死ぬ元気』(平凡社)『帯津式らくらく呼吸』(Gakken mook)など著書多数。

帯津先生と太極拳のつきあい

　では、太極拳歴29年という帯津先生ご自身への健康効果はいかに?

「私はいつも『目には青葉、朝の気功に夜の酒』—と言っているのです。旬のものを食べる、心がときめく、朝、気功を病院でやる、太極拳を舞う。もう患者さんのためとか自分のためとかも考えず、ただひたすら無心で気功や太極拳をすることが習慣になっていて、これが私の健康法。酒は生きがい、生きがいはやっぱりもたないと!

　太極拳を始めて、コレステロールが高かったり、血圧が高かったのが改善されましたね。気功や太極拳の呼吸は副交感神経が優位になるから、血圧を整えるのにも効果があるんですよね。けれど、そのためにやるというよりは、患者さんと一緒に気功や太極拳をすることで、ともに病気に立ち向かい、乗り越えよう、という共有感覚を持ち、患者さんをサポートするためですかね。実はメタボリックシンドロームなんかも、私は反対しているんですよ。あんな数字に押し込められたら、みんなが病気になってしまう。あんな基準の血圧では働き者がいなくなってしまうしね(笑)」

自力と他力

太極拳は治療の一環。がんの患者さんにも言うのです。「ちゃんと、ときめいてくれ」って。

太極拳はときめきをつくる

「丹田呼吸法など、いろいろな呼吸法をやっている中でも、太極拳は好きです。他の気功にない太極拳の意味というのがあるから。太極拳のいいところは、特に3つあると思っているのですが、ひとつは、太極拳はもともと武術で、いろいろな流派があるけれど、楊名時先生の太極拳は二十四式で始めから終わりまで起承転結があること。ひとつの物語を作っているところがいいんです。この二十四式を一回やると、物語をひとつ紡ぐ、という感じが出てくる。物語を紡ぐことによって、なにか嬉しさやときめきが生まれてくるのです。その物語は一期一会だと思うと、『今日の太極拳は、この一度しかない』と思ってやるわけです。うまくやろうとか思わないのだけれど、終わってみるとああ、明日はもっとこうやろう、とか出てくる。その一期一会の喜びが太極拳にはある。それは普通の気功にはないことなのです。太極拳の二十四の型が毎回、微妙な物語を奏でる、それが魅力のひとつですね。

そしてふたつめは、太極拳はもともと武術ですから自己実現の道である、自分を常に成長させてくれるものである、ということです。宮本武蔵や柳生十兵衛など、剣の名人はみな、上を目指して終わりなき道を行って、満足しないまま人生を終えているんですね。もっと上へもっと上へと自分を高めようと努力し続けたわけです。太極拳もこれに相通ずるものがあって、終わりなき自己実現の道だと思うのです。健康にももちろんいいですが、己を磨き、己を向上させ、自己を実現していく、これもまた、ときめきなのです。

3つ目は、太極拳は武術であるがゆえ防御と攻撃のどちらかの意味を持っています。これは相手が人間なら武術そのものだけれど、相手が宇宙や虚空を相手にするとなると、これは武術でなくてまさしく気功です。攻撃の手のひらが宇宙、虚空を感じることによって大いなる虚空の命の流れの中に自分をゆだねる、他力本願のような感覚、これがまた喜びなのです。

一期一会と自己実現、他力、これらの喜びが重なってくると、宗教的には他力と自力の統合になってきますから、浄土真宗と禅宗を合わせたようなスケールの大きなものになるわけです。太極拳の世界は本当に奥深い。だから私は一生やるつもりでコツコツとやっています」

がん治療と太極拳

「〝一期一会の物語りを紡ぐ喜び〟〝自己実現への道〟〝虚空の命の流れに身をゆだねる喜び〟、これら3つの要素が微妙に絡んで、ときめきを作るんです。これはがんの治療にとって、とても大切なことなのです。私はいつもがんの患者さんに言うのです。『ちゃんと、ときめいてくれ』って。ときめくことによって免疫力や自然治癒力も高まるのですから。がんとの闘いにだってチャンスはいくらでもある。これは自分の長い医療活動の経験の中で会得し、検証してきたことです」

帯津先生の川越の道場では、月～土曜の朝から晩まで30コマのクラスがあり、その中でも太極拳は一番多くて7クラスがあります。がん患者にとって、太極拳は少々負担が大きいながらも、誰もがやりたがるほどの人気です。

楊名時師家との時間

師家・楊名時とはきっての「呑み友達」だったという帯津先生。月に2、3回は酒を酌み交わしていたそうです。

「いつも会うと、まずはふたりで手帳を開くんです。次はいつ呑もうか？ってね（笑）」名時先生は美食家で、美味しいものを食べながらふたりで何を特別話すというわけでもなく、淡々と呑むわけです。楽しかったですね。

とにかく名時先生は、懐の深い、大きな人だった。八段錦を二十四式と合わせたのも、名時先生の思いからきた考えだったと思います。組み合わせの妙ですよ。二十四式はちょっと複雑で覚えるのに時間がかかるけれど、八段錦ならば誰でもすぐにできる。だから入りやすいし、続けやすい。世界平和と人々の健康と幸せを願った名時先生ならではの太極拳を作り、今こんなにも広く愛され、人々の健康づくりに貢献している。すばらしい社会貢献だと思います」

楊名時 八段錦

Ba Duan Jin

中国数千年の歴史の中で受け継がれてきた、優れた健康法の八段錦。
健康体をきらびやかな錦になぞらえた背景には、
心身のバランスのとれた健康こそもっとも美しく人間を輝かせるもの、
そんな心が込められているのでしょう。

一.双手托天理三集
shuang shou tuo tian li san jiao

二.左右開弓似射雕
zuo you kai gong shi she diao

三.調理脾胃須単拳
tiao li pi wei xu dan ju

四.五労七傷往后瞧
wu lao qi shang wang hou qiao

五.揺頭擺尾去心火
yao tou bai wei qu xin huo

六.両手攀足固腎腰
liang shou pan zu gu shen yao

七.攢拳怒目増気力
zan quan nu mu zeng qi li

八.背后七顛百病消
bei hou qi dian bai bing xiao

第一段錦
【八段錦】

一．双《シュアン》手《ショウ》托《トウオ》天《ティエン》理《リー》三《サン》焦《ジャオ》

shuang shou tuo tian li san jiao

所要時間目安… 約 **1** 分

両手を上に伸ばし、内臓の働きを活性化し、丈夫にする動き

【image】

「双手」は両手、「托天」は手を上に伸ばして手のひらを上向きにすること、「三焦」は中国医学で上焦（胃の上）、中焦（胃）、下焦（膀胱の上あたり）の3つを指すので、「理三焦」は胃や腸を整えて丈夫にする、というイメージです。

1

足を閉じて立つ

両足をそろえて立ちます。

背骨はのびのびしていますか？

2

左足を肩幅に開く

左足を肩幅に開きます。気を丹田に沈めて呼吸を整え、「自然立ち」します。

吸う息に気持ちを集中させ、気は丹田に沈めて
吸う

7

両手を内側に向ける

組んだ手をゆっくりと上げていきます。

8

外側に向ける

顔の前まできたら、手のひらを外側へ向けながら、頭上までもっていきます。

第一段錦の効能

深呼吸をしながら両手を頭上まで上げるので、内臓をのびのびとさせ、胃腸の働きをよくしてくれます。組んだ手のひらを天に向けて托《たく》し上げることで、腰や肩まわりをのびのびと解放し、肩の筋肉をほぐし、肩こりの緩和にも効きます。また、息を吸うときに下腹部を縮め、吐くときに張るので、下腹のぜい肉をとるのにも効果があるほか、ゆったりとした手の動きと呼吸により体中に酸素を運び、疲れをとり、肌をいきいきとさせます。イスに座った状態でもできるので、手軽に行えます。

Yang Ming-Shi

稽古のポイント

第一段錦は、二度手を上げてもとの姿勢に戻るまで、1分くらいかけることができれば十分です。手を上げるときに息を吸い、下げるときに吐きますが、はじめは呼吸と動きが合わなくてもかまいません。できるだけ長く深い呼吸をしていれば、いずれ呼吸と動きは一致してきます。

両手を上に上げるときは、ゆったりとした動きの中で力がみなぎっていくような、頭上から指をほどいて下ろしていくときは、みなぎった力を外へ発散させるようなイメージを持つと、気の流れがよくなります。

一．双《シュアン》手《ショウ》托《トゥオ》天《ティエン》理《リー》三《サン》集《ジャオ》 shuang shou tuo tian li san jiao

吸う

息を吐ききった状態ですか？ ここから息を吸います

3 両手を組む

丹田のあたりで軽く手を組みます。

4 両手を上げる

息を吸いながら組んだ手をゆっくりと上げていきます。

吐く

5 両手のひらを返す

手が肩の高さまで上がったら、両手を下に向けます。

6 両手を下ろす

息を吐きながら静かに丹田の位置まで下ろしていきます。

吐く

9 上半身を伸ばす

両手で天を押し上げるように意識し、体の内側をのびのびとさせます。

10 両手を下ろし始める

真上まで両手が上がったら静かに指をほどきます。

11 静かに下ろし続ける

静かに両手を下ろしていきます。息を吐きながら大きな円を描くように下ろします。

12 さらに下ろす

さらに両手を下ろしていきます。ゆっくりと吐く息に気持を集中させましょう。

師範のこころがけ

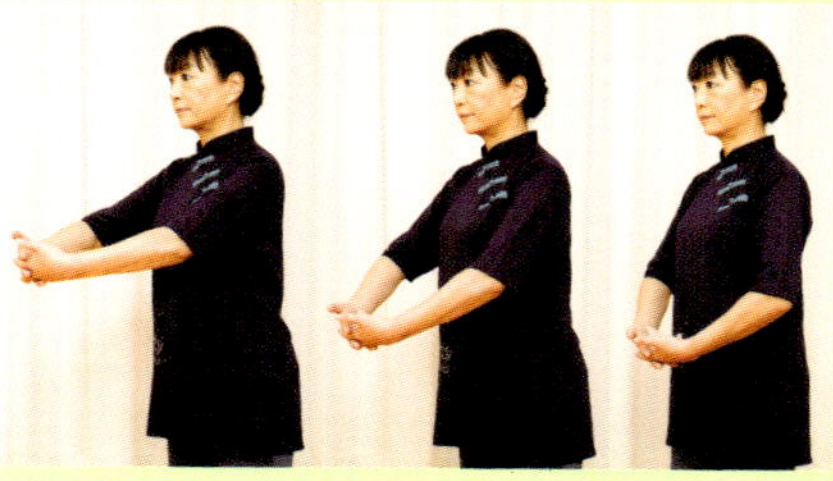

両手を上げるときは、弧を描くように

③～④で両手を上げるときは、息を吸いながら、弧を描くようにゆったりと上げていきます。

両手を上方に上げるときは、内臓を引き上げるイメージで

両手を上方に上げていくときは、内臓を引き上げるようなイメージで動かしていくと上半身がよく伸びます。また、普段使わない筋肉がのびのびして気持もよくなります。

13 自然立ちの姿勢へ

息をゆったりと吐き終わって、両手を下ろしていき、自然立ちに戻ります。

14 もとの姿勢に戻る

左足を寄せて、最初の姿勢に戻ります。

第二段錦
【八段錦】

二. 左《ズオ》右《ヨウ》開《カイ》弓《ゴン》似《シー》射《シャ》鵰《ディアオ》

zuo you kai gong shi she diao

所要時間目安… 約 **1** 分

馬にまたがり左右に弓を射る動き

【image】

足腰の筋肉を強化する「騎馬立ち」は、腰を落として馬にまたがるイメージです。弓を射るイメージの胸を大きく開いた動きは、深い呼吸で心肺機能を高めます。

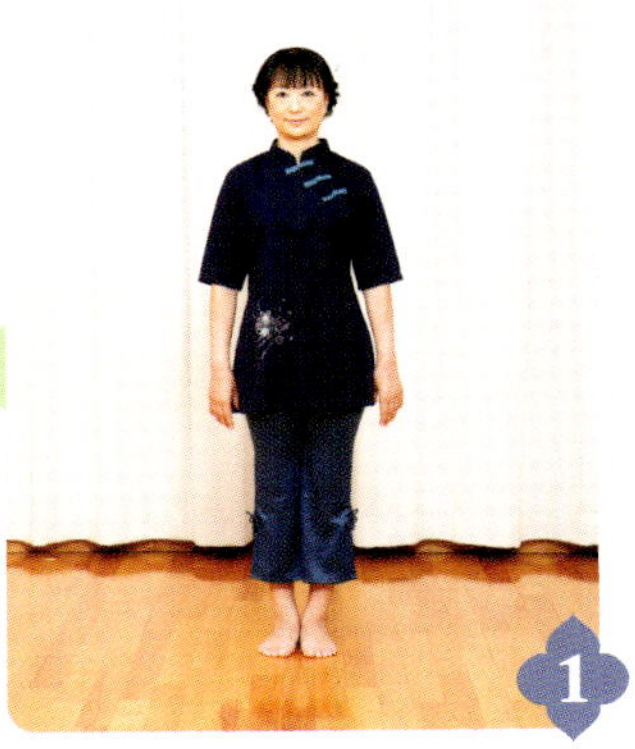

1 足を閉じて立つ

両足をそろえて立ちます。

背筋はのびのびしていますか？

2 左足を肩幅に開く

左足を肩幅に開きます。気を丹田に沈めて呼吸を整え、「自然立ち」します。

胸を広々と左右に開くイメージで
吐く

7 左右の手を開いていく

弓を引くように胸を開き、左右の手を開いていきます。

8 左手を押し出し弓を射るポーズ

目線は左手の指の間から遠くを眺めるように置きます。

第二段錦の効能

弓を引くような上体の運動は、胸のまわりの筋肉を伸縮させ、肺や心臓の働きを整えます。また、上体の運動による胸の筋肉への刺激はバストアップにつながり、騎馬立ちによるもも筋肉への刺激は血液循環をよくし、代謝を活発にするので、足の贅肉を落とす効果も期待できます。気を丹田から指先へと流すので、体に気がみなぎり、精神を安定させます。

Yang Ming-Shi

二．左《ズォ》右《ヨウ》開《カイ》弓《ゴン》似《シー》射《シャ》雕《ディアオ》 zuo you kai gong shi she diao

吸う

3 両手を上げる

左足をさらに広く開き、息を吸いながら両手を肩の高さまで上げていきます。

吐く

息をゆっくり吐きながら下へ

4 腰を落とす

息を吐きながら両手を前に下ろし、腰を落としていき、「騎馬立ち」になります。

吸う

5 拳を軽く握る

両手を軽く握って拳をつくり、ゆっくり肩の高さまで引き上げます。

目線は手に置きます

6 左手をＶサインにする

拳を立てたら、左手でＶサインをつくります。

吸う

9 拳を握る

息を吸いながら開いた手を正面に戻していきます。正面で軽く握ります。

吐く

10 両手を下ろす

息を吐きながら腰を落とし、拳をほどいて体の前に下ろします。

吸う

11 拳を握る

両手を軽く握りながら肩の高さまで上げます。

12 右手をＶサインにする

拳を向かい合わせたら、右手でＶサインをつくります。

次頁へ続く

師範のこころがけ

腰を落としてのＶサインは軸がぶれないように

⑦、⑬の腰を落としてＶサインを左右に押し出すときは、背筋をまっすぐにして１本の軸を意識し、その軸がぶれないようにしましょう。上体が前かがみになったり、反り返ったりしないように。

二．左《ズォ》右《ヨウ》開《カイ》弓《ゴン》似《シー》射《シャ》雕《ディアオ》 zuo you kai gong shi she diao

前頁からの続き

吐く

13

左右の手を開いていく

弓を引くように胸を開き、左右の手を開いていきます。

吸う

胸を広々と左右に開くイメージで

14

右手を押し出し弓を射るポーズ

目線は右手の指の間から遠くを眺めるように置きます。

吐く

15

腰を落とす

息を吐きながら両手を前に下ろし、腰を落としていきます。

16

自然立ちの姿勢へ

足を肩幅に寄せ、自然立ちに戻ります。

17

もとの姿勢に戻る

左足を寄せて、最初の姿勢に戻ります。

稽古のポイント

はじめのうちはつい動作が速くなりがちですが、ゆっくりとした動きと長い呼吸を意識して行います。姿勢に気をつけて美しいポーズを心がけましょう。

大きな鳥に狙いを定めて射るように弓を左右に開く動きです。弓を引いて戻すまでVサインの間から遠くを見るようにします。丹田からVサインにした指先に気を流していく意識を持つことも大切なポイントです。

「騎馬立ち」は初心者やひざの痛い人は無理をする必要はありません。足腰が鍛えられ、足元が慣れていくと自然に騎馬立ちも苦ではなくなります。足元に自信のない人は、イスにかけて上半身の動きから挑戦してもよいでしょう。

楊名時太極拳と八段錦

楊名時太極拳では、
二十四式の太極拳を行う前後に
八段錦を行うのが特徴です。
この八段錦とはどんなものか、
どうして楊名時太極拳で
行っているのでしょう。

八段錦とは？

八段錦は、中国数千年の歴史の中で受け継がれてきた気功の中でも、最も完成度の高い、すぐれた気功、健康法です。全身の筋肉をいろいろな方向や角度に伸縮させて血液の循環をよくし、体を丈夫にする運動として、導引術（腰を中心に体を曲げたり伸ばしたりする運動）から派生しました。中国の織物の中でもっとも美しい錦を、心身のバランスのとれた健康体になぞらえて、「八段錦」と記すようになってから、約800年の歴史があります。

八段錦の効果

八段錦は、深く長い呼吸をともなった筋肉の屈伸運動を通して、血液循環をよくし、体中に気をめぐらせ、生命エネルギーを充満させることから、すぐれた気功として中国で愛好されてきました。八段錦は動くことによって自力で指圧マッサージをしているようなもの。いつでも、どこでも、誰でも、ほんの2、3分でできる、すばらしい健康運動といえるでしょう。繰り返し行うことで、さまざまな健康・美容効果が期待できます。

どの段を行ってもOK

一段から八段まで、ひとつずつが独立しています。どれかひとつ、もしくはいくつかだけピックアップして行ってもよいので、自分の体調や目的に合わせて組み合わせ、稽古ができます。また、ひとつずつが独立しているため、覚えやすく短時間でできるので、続けやすいことも利点です。

座ったままでもOK

八段錦は、座ったままでできることも大きな魅力です。本書でも紹介しています（P26、36参照）足腰に自信のない高齢者や、車椅子の方、病床にある方でも行えます。もちろん、日常の中で、イスに座ったまま行ったり、オフィスでのデスクワークの合間に、気軽に行うことができます。

楊名時師家の思い

楊名時師家と親交の深かった医師の帯津良一先生（日本におけるホリスティック医学の権威・P42参照）は、こう言っています。「二十四式の太極拳に八段錦を組み合わせた妙が、名時先生のすばらしいところ。二十四式だけでは難しく、なかなか敷居が高いイメージを、簡単な八段錦を組み合わせることで、誰にでも、たとえ動くことのできない高齢者や病人にさえ、太極拳に取り組みやすくしたのだと思います。それは名時先生の、みなの健康と幸福を願ってやまない温かな思いと、懐の深さからくるものだったのでしょう」。

第三段錦
【八段錦】

三、調《ティアオ》理《リー》脾《ピー》胃《ウェイ》須《シュ》単《ダン》挙《ジュイ》

tiao li pi wei xu dan ju

所要時間目安… 約**2**分

【image】

両手で天地を分け脾臓と胃を丈夫にする動き

片手ずつ上にのびのびと伸ばし下ろすことで、胃腸を中心とした内臓が活性化され丈夫になります。左右対称の動きで体のバランスも整えます。

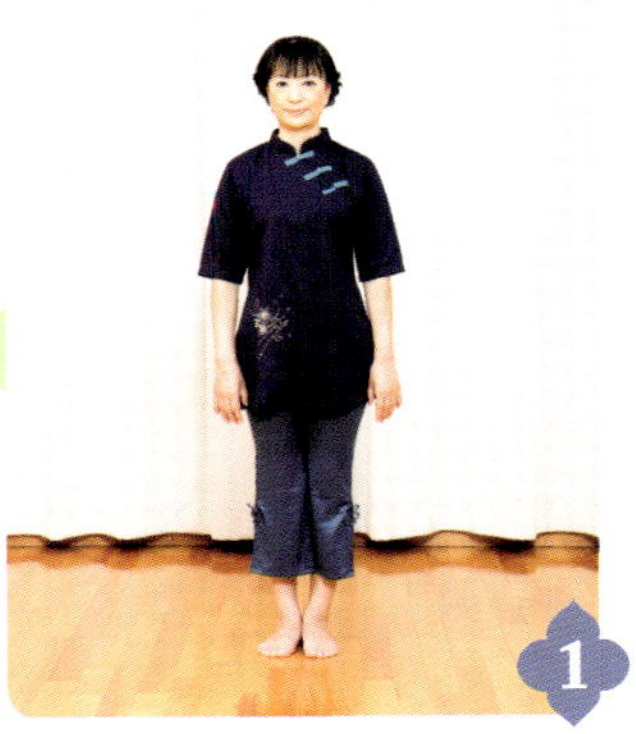

1 足を閉じて立つ

両足をそろえて立ちます。

背筋はのびのびしていますか?

2 左足を肩幅に開く

左足を肩幅に開きます。気を丹田に沈めて呼吸を整え、「自然立ち」します。

体軸を意識し、左右のバランスを保つように

7 左手を上げる

左手を頭上まで押し上げていきます。右手は腰横の方に下ろします。

8 左手を頭上まで上げる

左手で天を、右手は地面を押さえるように天地左右のバランスを感じます。

Yang Ming - Shi

第三段錦の効能

第三段錦は、「調理脾胃須単挙」の名の通り、脾臓や胃を丈夫にしてくれます。片手を交互に動かす運動は、脇腹の筋肉を強く刺激し、脾臓や胃にも刺激を与え、鍛えるからです。脾臓はリンパ系の器官で、体内の循環血液量を調節し、人間の体を細菌から守ります。

体調不良やストレスの影響が最初に出るのが胃といわれますが、この第三段錦は、胃炎や胃潰瘍、十二指腸潰瘍の予防にとても効果があります。精神的なイライラや不安をとり去り、心身のバランスを整えてくれます。

三．調《ティアオ》理《リー》脾《ピー》胃《ウェイ》須《シュ》単《ダン》挙《ジュイ》 tiao li pi wei xu dan ju

吸う

3

両手を上げていく

息を吸いながら、手のひらを上にしてゆっくり上げていきます。

細く、長く、深い
呼吸を意識して

4

両手を肩の高さまで上げる

息を吸い続け、肩の高さまで上げていきます。

吐く

5

両手のひらを返し、下ろす

ゆっくりと顔の前で両手のひらを返し、みぞおちあたりまで下ろします。

吸う

6

左手を上げ、右手を下げる

息を吸いながら左手を上に、右手を下に下ろしていきます。

吐く

9

上げきった左手を下ろしていく

ゆっくり息を吐きながら下ろしていきます。

10

左手を下ろし自然立ち

左手が下りたら両手を腰の脇に戻し、自然立ちに戻ります。

吸う

ここから左右逆
の動きです

11

両手を再び上げる

また両手のひらを上に向けて、上げていきます。

細く、長く、深い
呼吸を意識して

12

両手を肩の高さまで上げる

息を吸い続け、肩の高さまで上げていきます。

次頁へ続く

師範のこころがけ

頭上に上げた手は、弧を描くように下ろす

⑧で左手を、⑯で右手を頭上まで上げきり、下げていくときは、ゆったりと弧を描くような意識で下ろすとよいでしょう。

三．調《ティアオ》理《リー》脾《ピー》胃《ウェイ》須《シュ》単《ダン》挙《ジュイ》 tiao li pi wei xu dan ju

前頁からの続き

吐く

吸う

体軸を意識し、左右のバランスを保つように

13

両手のひらを返し、下ろす

ゆっくりと顔の前で両手のひらを返し、みずおちあたりまで下ろします。

14

右手を上げ、左手を下げる

息を吸いながら右手を上に、左手を下に下ろしていきます。

15

右手を上げる

右手を、弧を描くように頭上まで押し上げていきます。

16

右手を頭上まで上げる

右手を頭上まで押し上げます。

吐く

17

上げきった右手を下ろしていく

右手を頭上まで押し上げきったら、ゆっくり息を吐きながら弧を描くようにして下ろしていきます。

18

右手を下ろし自然立ち

右手が下りたら両手を腰の脇に戻し、自然立ちに戻ります。

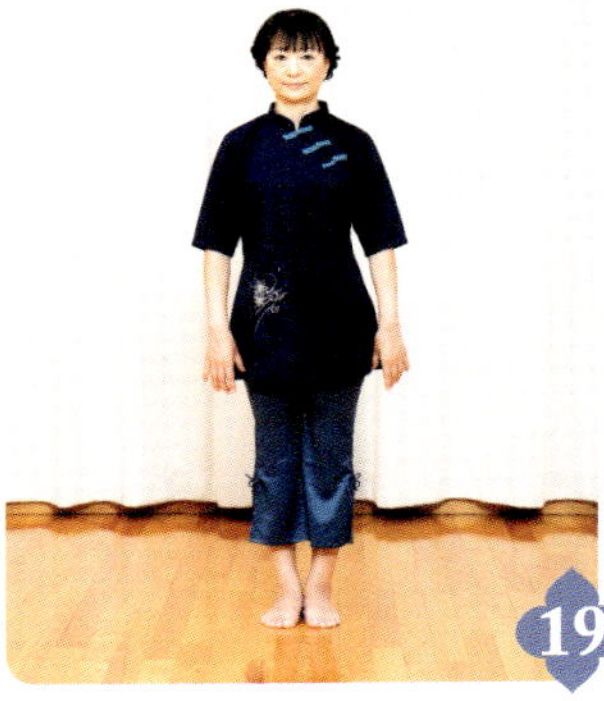

19

もとの姿勢に戻る

左足を寄せて最初の姿勢に戻ります。

稽古のポイント

この第三段錦は前半と後半で左右の手の動きが逆になります。特に呼吸が大切です。細く、長く、深い呼吸を心がけましょう。動きと呼吸の一致を意識しながら、上の手は手のひらで天を押し上げるように、下の手は手のひらで地を押し下げるように、左右、上下のバランスを保つことを意識しながら、ゆっくりと行いましょう。かける時間としては2分くらいが適当です。

この手の動きは「龍」をイメージしています。龍の勇壮でしなやかな姿を思い描きながら動いてみましょう。その際、手のひらの向きなどに注意してください。

また、第三段錦は、中国における重要な思想である「陰陽」を基にした動きでもあります。上に押す手は陽、下に押す手は陰、この陰陽のバランスがとれて、宇宙と一体となり、心と体に調和が生まれる、という考えが背景にあります。上下、左右のバランスに気をつけてのびのびと行うと、気持のバランスがとれ、動きも心もまろやかになる、というわけです。

調心

太極拳で大切にしていることのひとつ、「心静用意」。
これは、心を静かにして、意によって動作を導く、ということ。
無我の境地で太極拳に向き合えば、
心の静けさがもたらされ、心がととのっていきます。

第四段錦
【八段錦】

四．五《ウー》労《ラオ》七《チー》傷《シャン》往《ワン》后《ホウ》瞧《チアオ》

wu lao qi shang wang hou qiao

所要時間目安… 約**2**分

首を左右に動かし、気の巡りをよくし、内臓トラブルを予防する動き

【image】

中国医学で、「五労」とは心臓、肝臓、脾臓、肺、腎臓の病気、「七傷」は生殖機能や排泄障害をさします。気の巡りを高めることで、これらの予防に効く動きです。

1

足を閉じて立つ
両足をそろえて立ちます。

背筋はのびのびしていますか?

2

左足を肩幅に開く
左足を肩幅に開きます。気を丹田に沈めて呼吸を整え、「自然立ち」します。

吸う

7

首を横に向ける
目線を水平に移動させ、首を横に向けます。意識は右足裏に置きます。

8

両手のひらを返す
息を吸いながらゆっくりと、手のひらを返します。

第四段錦の効能

首を左右に回す運動は、自律神経を安定させ、血液の循環をよくする効果があります。「五労七傷往后瞧」の名の通り、五臓（心臓、肝臓、脾臓、肺、腎臓）を丈夫にし、生殖器や泌尿器の七つの慢性病を予防、治してくれるものです。また、首のコリを解きほぐし、頭を柔軟にして、エネルギーを満たしてくれます。仕事や勉強に集中して疲れた後に行えば、頭もすっきりし、集中力も戻ってくるでしょう。あまりハードな動作でないので、何度か続けて行ってもよいでしょう。

Yang Ming-Shi

四．五《ウー》労《ラオ》七《チー》傷《シャン》往《ワン》后《ホウ》瞧《チァオ》 wu lao qi shang wang hou qiao

吸う

3

両手を上げていく

息を吸いながら手のひらを上向きにしてゆっくり上げていきます。

4

両手を肩の高さまで上げる

両手を弧を描くように肩の高さまで上げます。

吐く

5

両手のひらを返す

ゆっくりと顔の前で両手のひらを返し、下に向けます。

6

両手を下ろしていく

ゆっくり息を吐きながら、両手を腰の脇に下ろしていきます。目線はゆっくり左後方へ。意識は右足裏に移していきます。

肩が上がらないように

9

両手を上げていく

息を吸いながら、手のひらを上向きにしてゆっくり上げていきます。同時に目線を正面に戻していきます。

細く、長く、深い呼吸を意識して

10

両手を肩の高さまで上げる

両手を弧を描くように肩の高さまで上げます。

吐く

11

両手のひらを返す

ゆっくりと顔の前で両手のひらを返し、下に向けます。

12

両手を下ろしていく

ゆっくり息を吐きながら、両手を腰の脇に下ろしていきます。目線はゆっくり右後方へ。

次頁へ続く

師範のこころがけ

目線は、さらに後ろへ

⑦と⑬で横を見るときは、首の痛みに注意し、眼球をよく動かすようにしましょう。目線を向けている方と反対側の足裏を「意」で見るように意識することで、気の流れがよくなります。

四．五《ウー》労《ラオ》七《チー》傷《シャン》往《ワン》后《ホウ》瞧《チァオ》 wu lao qi shang wang hou qiao

前頁からの続き

吸う

13
首を横に向ける
目線を水平に移動させ、首を横に向けます。意識は左足裏に置きます。

14
両手のひらを返す
息を吸いながら、ゆっくりと手のひらを返します。

肩が上がらないように

15
両手を上げていく
息を吸いながら、手のひらを上向きにしてゆっくり上げていきます。同時に目線を水平に移動させながら首を正面に戻します。

細く、長く、深い
呼吸を意識して

16
両手を肩の高さまで上げる
両手を弧を描くように肩の高さまで上げます。

吐く

17
両手のひらを返し下ろしていく
ゆっくりと顔の前で両手のひらを返し、下に向けます。ゆっくり息を吐きながら、両手を腰の脇に下ろしていきます。

18
両手を下ろし自然立ち
両手が下りたら自然立ちに戻ります。

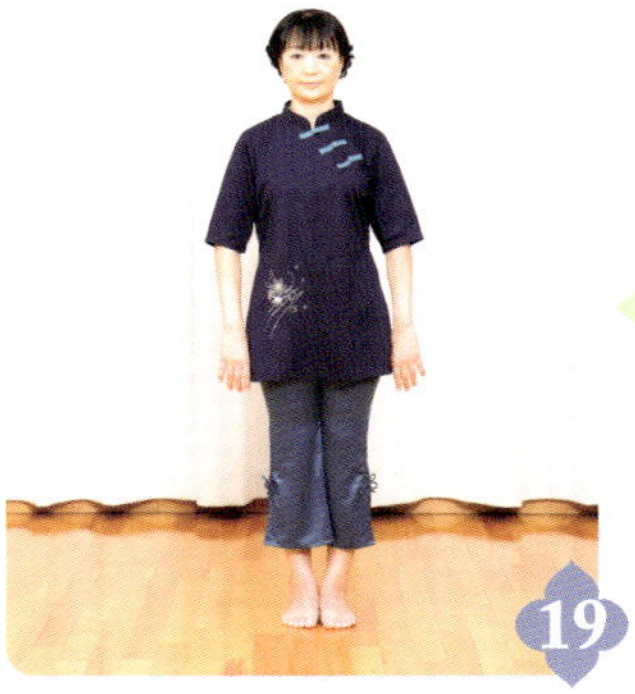

19
もとの姿勢に戻る
左足を寄せて最初の姿勢に戻ります。

稽古のポイント

八段錦の中でも簡単で静かな動作ですが、ポイントは気を丹田から足もとへ流すこと、呼吸と動作を一致させることです。手と首の連動も大切です。ひと通り行うのに約2分をかけます。

目線を左に向けるときは、右足の足裏に意識を集め、目線を右に向けるときは、左足の足裏に意識を集めます。実際には見えないのですが、「意」を丹田から胃、胸を通し、頭、背中、太ももに通わせ、全身にめぐらせて、足裏まで導くことです。目線を左右に回す動きも、できるだけゆっくり行いましょう。

調息

息を吸って、吐く。
このシンプルな営みが、人を生かし、
幸福をもたらします。
宇宙に満ち溢れた
生命エネルギーである「気」を
からだに取り込むことで、
人間は、宇宙とつながることができます。
「気」はからだを巡り、人を輝かせるのです。

第五段錦
✦
【八段錦】

五. 揺《ヤオ》頭《トウ》擺《バイ》尾《ウエイ》去《チュイ》心《シン》火《フォ》

yao tou bai wei qu xin huo

所要時間目安… 約**2**分

騎馬立ちで頭を揺り動かし、心身の緊張をほぐす動き

【image】

「騎馬立ち」になり、背筋を伸ばして腰を軸に上半身を回し、不安や悩み、緊張など、心の火を鎮める動きです。同時に足腰も強化されます。

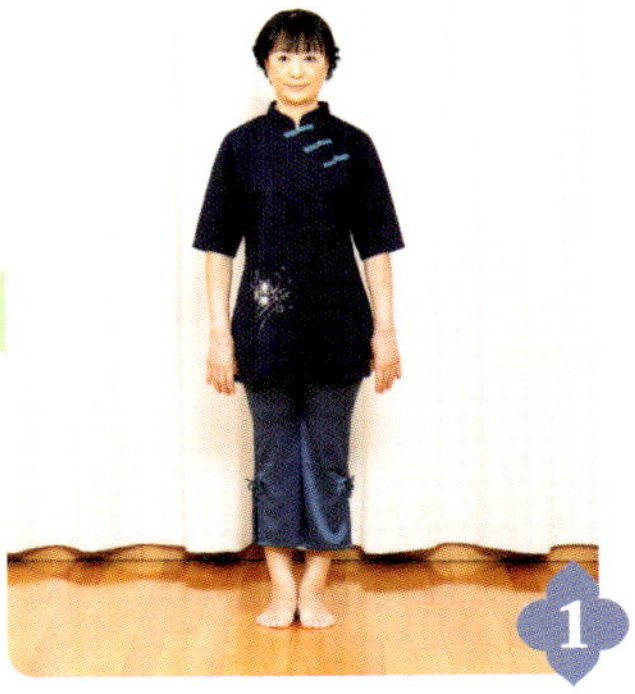

1

足を閉じて立つ

両足をそろえて立ちます。

背骨はのびのびしていますか?

2

左足を肩幅に開く

左足を肩幅に開きます。気を丹田に沈めて呼吸を整え、「自然立ち」します。

7

上体は左へこれくらいまで回す

⑤と左右対称な位置（写真くらい）まで上体を左に回します。

目線は右足の土踏まずへ
吸う

8

首を右に回す

左ひざの上で上体を止め、息を吸いながら、首をゆっくり右に回して右足の土踏まずを見ます。

第五段錦の効能

騎馬立ちで頭を揺り動かすことで、収縮した血管に刺激を与え、自律神経の中の副交感神経の働きを活発にします。それによって疲労感やイライラ、ストレスを解消し、精神を安定させてくれます。また、騎馬立ちで腰を落とした上体を保つことで、足の筋肉を強く興奮させ、脳に刺激を伝えることになり、脳の老化を防ぎ、若返りに効果があります。腰を軸に上半身を回す動きは、腰を柔軟にし、日常でもスムースな動きができるようになります。

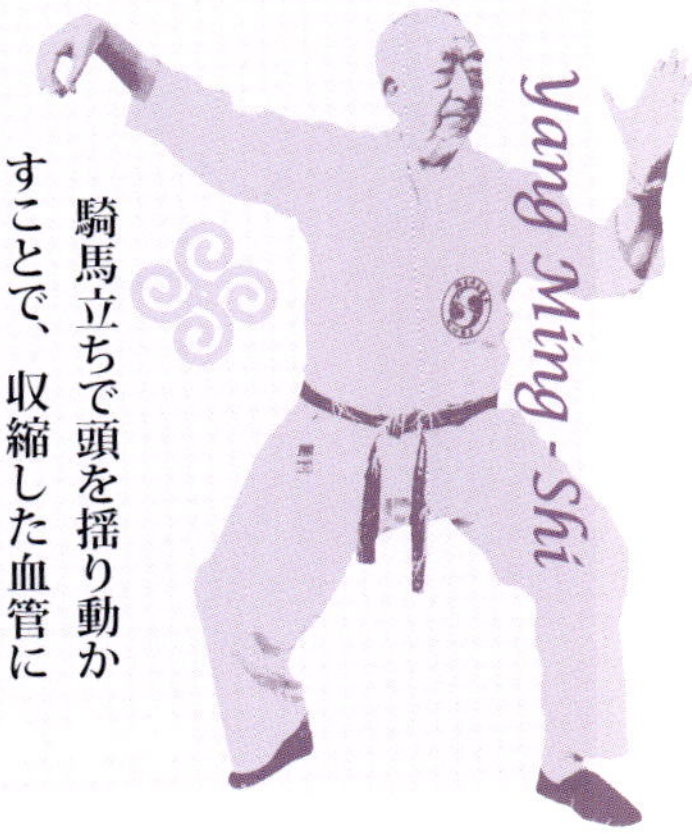

五．揺《ヤオ》頭《トウ》擺《バイ》尾《ウェイ》去《チュイ》心《シン》火《フォ》 yao tou bai wei qu xin huo

吐く

3

足を開いて腰を落とす

左足をさらに広く開きます。背筋を伸ばしたまま腰を落として「騎馬立ち」になります。両手は親指を後ろ側にして太ももに添えます。

4

上体を右に向ける

背筋を伸ばし、息を吐きながら上体を右に向けます。

肩が内側に入らないよう、背筋をまっすぐに

5

上体を右から左へ回していく

上体を右ひざ前に倒し、尾てい骨を中心に右から回し始めます。

6

上体をゆっくり回して

頭で半円を描くように上体を右から左へ回していきます。

吐く

9

首を元に戻す

息を吐きながら、ゆっくりと首を元に戻します。尾てい骨を中心に、今度は左から右へ回します。

吸う

10

上体を左から右に回す

⑤～⑦と同じように、頭で半円を描くようにして、上体を右へ回します。

背筋はまっすぐ伸びていますか？

11

上体を右ひざの上で起こす

左へ回してきた上体は、右ひざの上まで回していき、上体を起こします。

吐く

12

上体を正面に向ける

上体をゆっくりと正面に向けます。ここから④～⑪と同じ動きを左右逆にして繰り返します。

次頁へ続く

稽古のポイント

第五段錦のポイントは、意識を両足の足裏のツボ（湧泉穴）に集めることです。尾てい骨を軸に頭と上半身を円を描くようにゆっくりと回しているうちに、精神が集中し気を感じられるので、その気を丹田に集め、頭を通って背中を通し、足裏まで導くようにして、全身にめぐらせましょう。

左右でひと通り、約2分かけるのが目安です。呼吸と動きのバランスや一体感に気をつけましょう。

騎馬立ちの姿勢は自然に慣れていきます。はじめは無理をして深く腰を落とす必要はありませんが、背筋をまっすぐに伸ばし、腰がひけないように注意しましょう。

前頁からの続き

吸う

13 上体を左に向ける

背筋を伸ばし、上体を左に向け、首もゆっくりと回して左を向きます。

吐く

14 上体を左から右へ回していく

息を吐きながら上体を左ひざ前に倒し、尾てい骨を中心に左から回し始めます。

15 上体は右へ、これくらいまで回す

⑭と左右対称な位置（写真くらい）まで上体を右に回します。

吸う

16 首を左に回す

右ひざの上で上体を止め、息を吸いながら、首をゆっくり左に回して左足の土踏まずを見ます。

吐く

17 上体を右から左に回す

首を戻し⑤～⑦と同じように、頭で半円を描くようにして、上体を右へ回します。

吸う

18 上体は左へ、これくらいまで回す

⑰と左右対称な位置（写真くらい）まで上体を左に回します。

19 上体を左ひざの上で起こす

左へ回してきた上体は、左ひざの上まで回していき、上体を起こします。

吐く

20 上体を正面に戻す

上体をゆっくりと正面に向けます。

21 自然立ちの姿勢へ

足を肩幅に寄せ、自然立ちに戻ります。

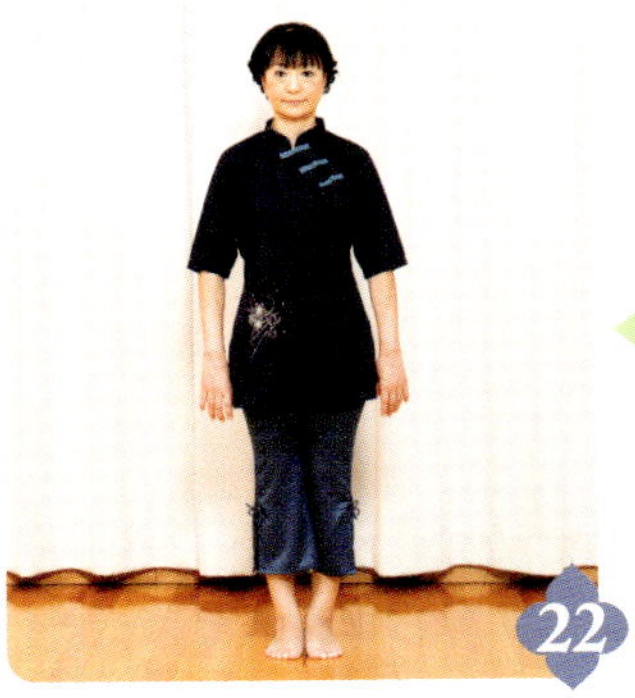

22 もとの姿勢に戻る

左足を引き寄せ、足を閉じて最初の姿勢に戻ります。

師範のこころがけ

頭から尾てい骨が直線上になるように

⑤、⑦、⑧、⑨、⑩、⑭、⑮、⑯、⑰、⑱の姿勢では、頭から尾てい骨がまっすぐのラインの上にあるようにします。頭から尾てい骨までが１本の軸になっているようなイメージを持つとよいでしょう。

調身

中国ではいにしえから、
すぐれた武術とは
力と美を兼ね備えたもの、
とされてきました。
中国武術の血を受け継いだ
太極拳のすばらしさは、
その柔らかな動きと、
内なる優美な
心の調和にあります。

第六段錦
✴
【八段錦】

六．両《リアン》手《ショウ》攀《バン》足《ズー》固《グー》腎《シェン》腰《ヤオ》

liang shou pan zu gu shen yao

所要時間目安… 約**2**分**20**秒

全身を大きく動かし
血流をよくする動き

【image】
両手を大きく伸ばしたり、上体を前屈や回転させることで、全身をほぐしながら、内臓に刺激を与えて働きを活性化します。血流がよくなり体を温めます。

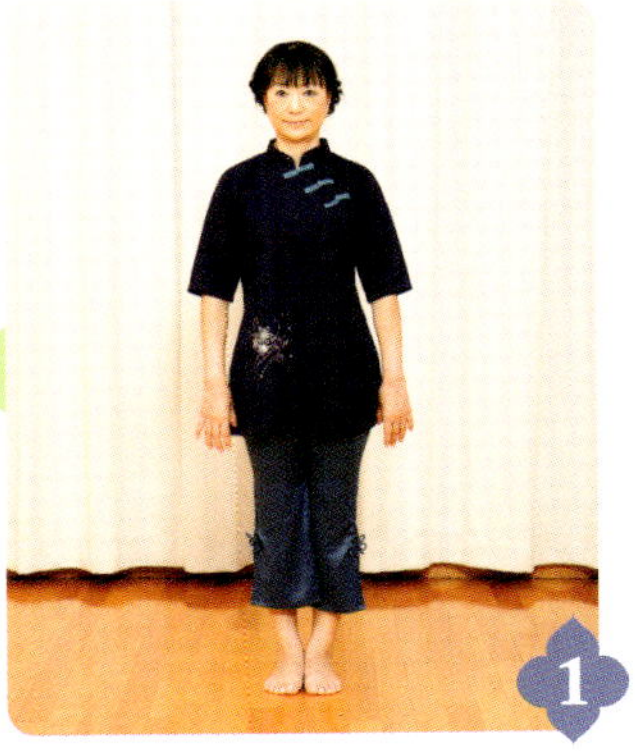

1 足を閉じて立つ
両足をそろえて立ちます。

背骨はのびのびしていますか？

2 左足を肩幅に開く
左足を肩幅に開きます。気を丹田に沈めて呼吸を整え、「自然立ち」します。

吸う　吐く　吸う　吐く

7 両手を伸ばす
両手を頭上まで上げます。

目線は引き上げた手の先へ

8 左手を頭上に伸ばす
左手から上げ、両手を交互に伸ばしていきます。

第六段錦の効能

第六段錦は、「固腎腰」の名の通り、腰や腎臓を丈夫にする動きです。大きく体を動かすことで手足が温まるので、冷え性にも効果的です。

Yang Ming-Shi

六．両《リァン》手《ショウ》攀《パン》足《ズー》固《グー》腎《シェン》腰《ヤオ》 liang shou pan zu gu shen yao

両手を上げる
ゆっくり息を吸いながら、両手の甲を上にして肩の高さまで上げていきます。

ひじは軽く曲げて、ふんわりと
吐く

両手を下ろしていく
両手が肩の高さまで上がったら、ゆっくり息を吐きながら、下ろしていきます。

両手を腰の脇まで下ろす
両手は腰の脇まで下ろします。手のひらは後ろに向けた状態です。

天空を押し上げるようなイメージで

両手を押し上げていく
ゆっくり息を吸いながら、両手を上げていきます。

両手を交互に伸ばす
左手、右手と交互に上げる動きを５～６回繰り返します。

両手を伸ばす
息を吸いながら、両手を頭上で伸ばします。

上体を回していく
ここから腰を軸にして円を描くように、上体を右から左へと回していきます。

上体を右へ回す
両手を伸ばし、腰を回旋の中心に意識して、上体をゆっくり右へ回します。

次頁へ続く

師範のこころがけ

足首は外側からつかむ
㉚で足首をつかみますが、外側からつかむようにします。このとき、体が硬くて足首に手が届かなくても大丈夫です。起き上がるとき、目線は最後に正面に戻します。急に頭を上げないように注意しましょう。

脇腹を意識して手を交互に伸ばす
手を上に交互に伸ばす動きでは、天井を押し上げるようにのびのびと体側を開くと、より大きく伸ばすことができます。

前頁からの続き

吸う

13

上体を左へ回す

ゆっくりと円を描くように左へ回していきます。

14

左へ回している状態

体を上に回すときは、ゆっくり息を吸いながら

15

上体を3回くらい回す

⑪～⑯の上体を右から左へと回旋させる動きを3回くらい行います。

吐く

16

右から左への上体回旋を続ける

体を下に回すときは、ゆっくり息を吐きながら。

21

左へ回している状態

体を下に回すときは、ゆっくり息を吐きながら。

吐く

22

回旋を正面で止める

左から右への上体回旋を3回ほど終えたら、正面で回転を止めます。

吸う

23

両手を再び上へ伸ばしていく

ゆっくりと両手を上げていきます。

24

両手を頭上へ押し出す

⑥と同様に両手のひらを上に向けて、両手を頭上へ押し出します。

吐く

29

上体を前へ倒す

ゆっくり息を吐きながら、両手が床につくように、上体を前へ倒します。

30

足首をつかみ上体を起こす

足首をつかみ、上体を引き寄せます。息を吸いながら上体をゆっくりと起こします。

吸う

31

自然立ちの姿勢へ

上体を起こして、自然立ちに戻ります。

32

もとの姿勢に戻る

左足を寄せて最初の姿勢に戻ります。

六．両《リァン》手《ショウ》攀《パン》足《ズー》固《グー》腎《シェン》腰《ヤオ》 liang shou pan zu gu shen yao

吸う

17

上体を逆に回しいていく

今度は逆に、左から右へ上体を回します。

18

右へ回している状態

体を上に回すときは、ゆっくり息を吸いながら。

19

上体の回旋を3回くらい回す

上体を左から右へと回旋させる動きを３回くらい行います。

吐く

20

両手をのびのびと回す

両手をのびのびと回します。目線は手の動きを追っていきます。

25

両手を伸ばす

両手を頭上まで上げます。

吐く　吸う　吐く　吸う

26

左手を上に伸ばす

左手から上げ、両手を交互に伸ばしていきます。

27

交互に伸ばす

左手、右手と交互に上げる動きを５～６回繰り返します。

吸う

28

両手を伸ばす

息を吸いながら、両手を頭上で伸ばします。

稽古のポイント

上半身を回す部分、右から左、左から右へと、回す回数にきまりはありませんが、左右は同じ回数を回しましょう。

上半身を回すとき、後方回転で息を吸い、前方回転で息を吐くことに注意して。動きに呼吸が合わせられるようになると、効果がより高まります。目線は両手の動きを追い、頭も一緒に回すよう心がけましょう。

特に回転、上下動と動きが大きいので、きちんと自分の体調を考えて行いましょう。

第七段錦
【八段錦】

七. 攢《ザン》拳《チュエン》怒《ヌー》目《ムー》増《ゼン》気《チー》力《リー》

zan quan nu mu zeng qi li

所要時間目安… 約**2**分

目を怒らせるように見開き、拳を握って気力を増進させる動き

【image】

「騎馬立ち」で拳を握って目を怒らせ（にらみつけ）、気を込めることで、気力を増進させます。全身の筋肉を動かし、充実感を得ます。

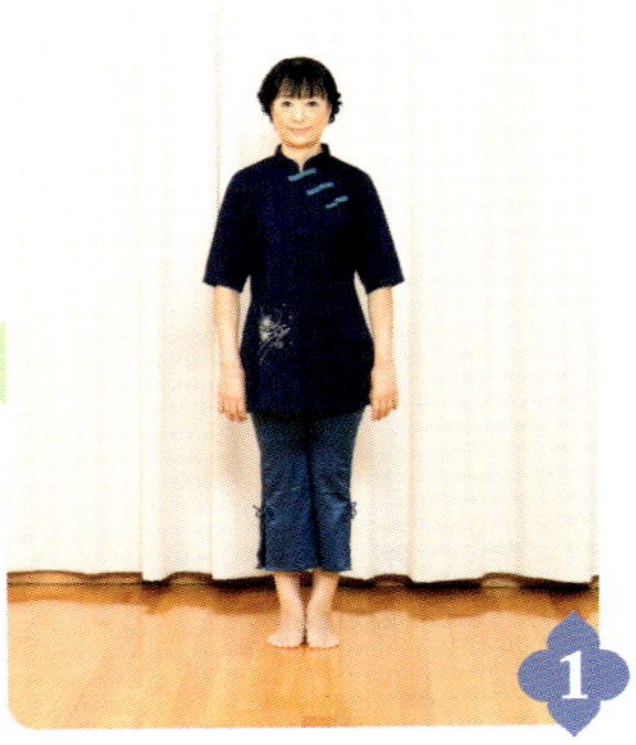

足を閉じて立つ
両足をそろえて立ちます。

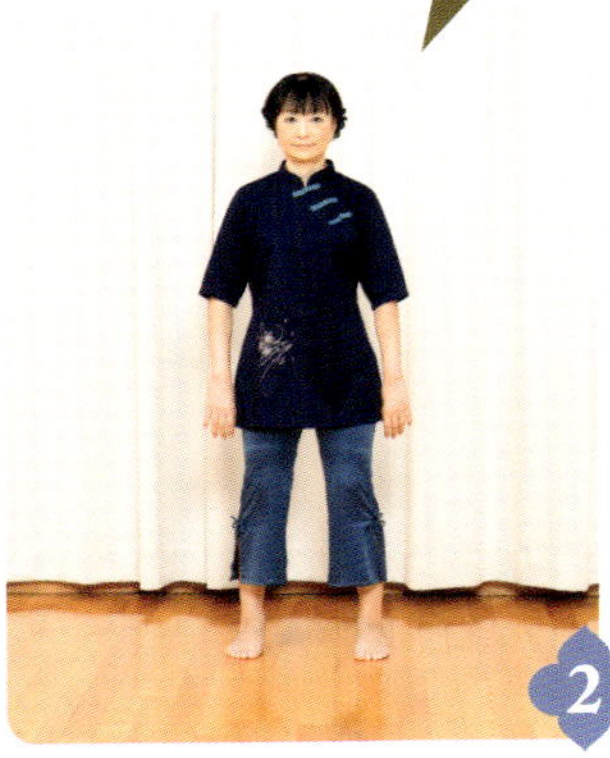

左足を肩幅に開く
左足を肩幅に開きます。気を丹田に沈めて呼吸を整え、「自然立ち」します。

両拳を戻す
腰を軽く上げながら、両手を拳のまま胸の前に戻します。

腰を落とす
ゆっくり息を吐きながら、腰を落とします。

第七段錦の効能

「拳を握って目を怒らせて気力を増す」の通り、体の内側から力強さがにじみ出てきます。第七段錦は、武術の名残があり、ボディビル的な要素が強い運動で、筋肉を引き締め、たくましい骨格をつくり、気力を増進させます。腹筋や大臀筋などの大きな筋肉を動かし、血流を増進し、しなやかな血管をつくることから、血圧を整える効果を期待できます。

七．攢《ザン》拳《チュエン》怒《ヌー》目《ムー》増《ゼン》気《チー》力《リー》 zan quan nu mu zeng qi li

3

左足を大きく開く

左足をさらに広く開きます。両手は甲を上向きにして肩の高さまで上げます。

4

両手を下げながら腰を落とす

息を吐きながら両手を前に下ろし、腰を落としていき、「騎馬立ち」になります。

目線は拳を見ます
吐く

5

拳をつくる

両手で拳をつくり、胸の前まで上げます。

拳をにらみつけるように目線に力を込めて

6

左拳を突き出す

息を吐きながら左拳を左斜め前方に突き出し、右の拳は胸前に寄せます。

9

両拳を上げていく

ゆっくり息を吸いながら両拳を上げていきます。

10

両拳を頭上まで上げる

両拳をゆっくりと頭上まで上げます。

11

拳をほどいて、両手を下げていく

拳をほどいて、弧を描くように下げていきます。

12

両手を下ろし続ける

ゆっくり息を吐きながら両手を下ろしていきます。

次頁へ続く

稽古のポイント

第七段錦のポイントは、目を見開いて力強く拳を握り、下腹部にグッと力を入れて動くことです。「上虚下実」といって、下半身を充実、安定させることが大切です。

そして、動作と呼吸をできるだけゆっくり行い、充実感を感じながら約2分くらいをかけて行います。騎馬立ちは、慣れていけば腰を落とせるようになりますので、はじめは無理なくできる範囲でも大丈夫です。

師範のこころがけ

目線は拳をしっかり見る

⑥、⑮の拳を突き出すとき、目線は拳の動きを追って拳をしっかり見ましょう。

前頁からの続き

七.攢《ザン》拳《チュエン》怒《ヌー》目《ムー》増《ゼン》気《チー》力《リー》 zan quan nu mu zeng qi li

13

両手をここまで下ろす

ゆっくり息を吐ききって、両手が下ります。ここから左右逆の動きになります。

吸う

14

拳をつくる

両手で拳をつくり、胸の前まで上げます。

吐く

15

右拳を突き出す

息を吐きながら右拳を右斜め前方に突き出し、左の拳は胸前に寄せます。

吸う

16

両拳を戻す

両手を拳のまま胸の前に戻します。

吐く

17

腰を落とす

ゆっくり息を吐きながら、腰を落とします。

吸う

18

両拳を上げていく

ゆっくり息を吸いながら、両拳を上げていきます。

吐く

19

両拳を頭上まで上げる

両拳を頭上まで上げます。

20

**拳をほどいて
両手を下げていく**

拳をほどいて、弧を描くように下げていきます。

21

両手を下ろし続ける

ゆっくり息を吐きながら、両手を下ろしていきます。

22

両手をここまで下ろす

ゆっくり息を吐ききって、両手が下ります。

23

自然立ちの姿勢へ

左足を肩幅に寄せ、自然立ちに戻ります。

24

もとの姿勢に戻る

左足を寄せて最初の姿勢に戻ります。

太極拳 Q&A

太極拳を始めるにあたって、よくある質問をピックアップしてみました。
（参考：NPO 法人日本健康太極拳協会 HP）

Q 運動が苦手な人にもできますか?

A 楊名時太極拳はゆっくりと動きますので、運動経験が少ない人や苦手だという方でも稽古を積んでいけば十分にやっていくことができます。そのような人が長続きして、りっぱに太極拳の華を開かせることも多いです。

Q 体力のない人 病み上がりの人にもできるのでしょうか?

A 一般的には、日常の起居や歩行ができる人なら、老若男女どなたでもできます。体力に自信のない人や体調を崩している人は、無理のない動作から始めて下さい。ただし、あまりに疲れすぎのとき、空腹がひどいとき、食事の直後には控えたほうがよいでしょう。

Q 椅子に座ってできる方法とは?

A 椅子やベッドに座ったままでも八段錦や太極拳を行うことができます。本書でも一部ご紹介していますので P.26、36、38 など参照してください。実際に体を動かすことだけでなく、イメージをどれだけ大きく膨らませることができるかがポイントです。

Q 自分ひとりで習得できるのでしょうか?

A 本書と付録の DVD を見ながら、ひとりでも学ぶことができますが、教室に参加して稽古するのもよいでしょう。技の習得も早くなり、稽古要諦なども詳しく学ぶことができます。特に、人との交流ができることは、継続のためにも大きなプラス要素となるでしょう。

Q 教室での練習内容はどのようになっていますか?

A 練習時間は、90分。内容は、立禅・スワイショウ ⇒ 八段錦／前半⇒楊名時太極拳（24式）⇒ 部分稽古⇒楊名時太極拳 ⇒ 八段錦／後半 ⇒立禅・スワイショウが標準のカリキュラムですが、教室によって若干のアレンジがあります。

Q 道衣を着るのはなぜですか?

A 日本空手協会師範でもある . 師家楊名時先生が、1960年に日本で楊名時八段錦・太極拳を創始したときに、道衣を正式なユニホームに定めました。道衣が正式なユニホームですが、練習時は動きやすい服装であれば自由です。

Q 楊慧師範や楊玲奈師範に直接指導を受けることはできませんか?

A おふたりとも日本健康太極拳協会の本部道場での教室や、カルチャーセンターでの教室などで指導されています。詳しくは日本健康太極拳協会事務局（TEL：03-3259-8044 E-mail：infohonbudojyo@taijiquan.or.jp）または、楊名時太極拳事務所（TEL：03-3259-8590　E-mail：jim@yo-meiji-taikyokuken.co.jp、HP は http://www.yo-meiji-taikyokuken.co.jp/）までお問い合わせ下さい。

第八段錦
【八段錦】

八. 背《ベイ》后《ホウ》七《チー》顛《ディエン》百《バイ》病《ビン》消《シアオ》

bei hou qi dian bai bing xiao

所要時間目安… 約 1 分

脊柱を刺激し、万病に効く動き

【image】

かかとを落とす動きが脊柱のつぼを刺激し、振動が全身に伝わり、関節をほぐしたり、あらゆる病気を治すとされます。

1 **足を閉じて立つ**

両足をそろえて立ちます。

2 **左足を肩幅に開く**

左足を肩幅に開きます。気を丹田に沈めて呼吸を調え、「自然立ち」をします。

全身に心地よい振動を感じますか?

吐く

7 **かかとを落とす**

体の力を抜いて、かかとをストンと落とします。ひざは軽く曲げておきます。口から息を吐きます。

8 **自然立ちの姿勢へ**

自然立ちに戻ります。

第八段錦の効能

呼吸に合わせながらつま先で立ち、ストンとかかとを落とすだけですが、息を吸いながら肛門の括約筋を締める深い呼吸をするので、肛門の毛細血管の働きが活発になり、便秘と痔を予防します。普段、凝り固まっている背骨や全身の関節、筋肉、内臓に刺激を与え、血のめぐりをよくします。つま先で立つことは大脳を刺激し、情緒を安定させる働きもあります。

稽古のポイント

大切なポイントは、つま先立ちになったときに、必ず下腹と肛門を締めるようにすることです。また、つま先立ちのときにからだがふらつかないよう、両手でバランスを取って姿勢をキープします。

かかとを下ろすときは、強く落としすぎないように注意して下ろします。ひざや腰の調子の悪い人は、立ったままの姿勢で終わりましょう。その他、ひざを抱えたり、ひざを曲げて終わる方法もあります。

八．背《ベイ》后《ホウ》七《チー》顛《ディエン》百《バイ》病《ビン》消《シァオ》 bei hou qi dian bai bing xiao

吸う

左足を寄せる
拳ひとつからひとつ半ほどのところに左足を寄せます。

両手を上げる
手の甲を上にして両手を肩の高さまで上げていきます。

吐く

両手を下ろす
両手をゆっくり体の脇に下ろします。

吸う

吸う息を止めてしばらくそのままに

かかとを上げる
かかとを上げ、下腹と肛門を締めます。

もとの姿勢に戻る
左足を寄せて最初の姿勢に戻ります。

6から別パターンの終わり方があります

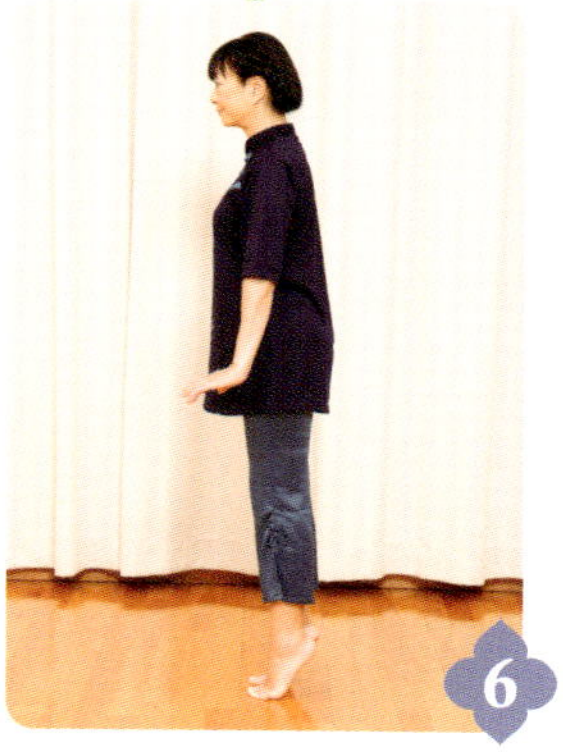

かかとを上げる
両足のかかとを上げます。

かかとを落とす
体の力を抜いて、かかとをストンと落とします。

ひざを抱える
腰を深く落とし、ひざを抱えます。

ひざを伸ばす
ひざを伸ばし、軽くもみます。

8へ

© Kan Jinlong - Fotolia.com

愛おおく

師家・楊名時が謳った、
楊名時太極拳を学ぶ
心がまえを示す言葉です。
五つの語の頭を綴ると「あいおおく」
「愛おおく」となります。
これは、人々の生き方にも
示唆するところが
大きいのではないでしょうか。
「博愛」の精神にもつながっています。

あせらず
いばらず
おこたらず
おこらず
くさらず

Illustrated Tai-Chi Chuan
for Health and Beauty by Yang Ming-Shi

楊名時 太極拳のこころ

楊名時太極拳を学び、稽古を続ける愛好者は70万人ともいわれている。日本に太極拳の団体が数ある中で、これほど多くの人々がなぜ楊名時太極拳に惹かれるのか。また、20年、30年と続けられる魅力はなにか。楊名時太極拳の「こころ」について……

師家・楊名時——その人とこころ・太極道

師家が多くの人に中国の書画、芸術を楽しんでもらいたいとコレクションした作品から「鑑真和上坐像」。師家は、大困難の中で日中の架け橋となった鑑真和上へ格別の思いを寄せ、この像を特別大切にしていたという

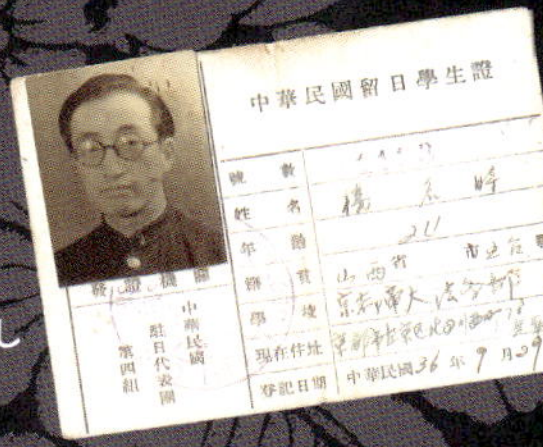

師家が日本に留学していた頃の学生証

時代の激流に翻弄されて

中国・山西省の武門に生まれた師家・楊名時。（1924－2005）文武両道の厳しい教育を受けながら育ち、いつしか日本への憧れを抱くようになったという。1943年、楊名時師家は、日中戦争の暗雲の広がるなか、ときの日本政府から招聘留学生として招かれ、京都大学へ入学した。将来の日中友好に尽くしたいと政治学を学ぶが、中国の政権が倒れ、学生楊名時は祖国に帰郷できなくなってしまう。苦渋のすえ日本残留を決心。その後、東京中華学校校長をはじめ、大学やテレビなどでの中国語教授をしながら太極拳を教え始めた。これが楊名時太極拳のルーツということになる。

その世界観

くしくも楊名時師家が時代の激流に翻弄された結果、日本にもたらされた楊名時太極拳。師家・楊名時は、単に中国の太極拳を紹介するのみでなく、日本で生きることから身につけた感性やアイデアを融合させて、独自の太極拳の指導をした。動きの技術だけに終わらず、太極拳で稽古するうえでの「こころ」の大切さを唱え、誰もが太極拳に親しみと、その良さを感じ、健康の喜びを持って和を為す、〝まぁ〜るい・まぁ〜るい〟世界観を作り上げた。そして太極拳を通じて、すべての人の健康と幸せ、平和への願いを日本中へ届け続けた。

「名時先生は本当に大きいお方でした。えもいわれぬあたたかみと懐の深さで、すべてを包み込んでしまう。そばにいるだけで安心して心が穏やかな気持ちになったものです。〟今日

東京大丸「中国物産展」にてデモンストレーションをする師家（1972年）

当時の東京八重洲教室の前で（1973年）

太極拳は力を磨く武道ではない。
力はいつか滅びる。
永久に頼れるもの、
それは自然しかない。
太極拳は、そこから生まれた
哲学的な〝こころの技〟である。

Tai-Chi Chuan Yang Ming-Shi

も健康でありがたいね、みなの健康と幸せを願って稽古を続けましょう〟 ―この言葉にどれだけ励まされてきたか」と、在りし日の楊名時師家に指導を受けていた弟子は語る。

楊名時太極拳のこころ

楊名時太極拳には、その哲学として「太極拳五則」というものがある。楊名時師家が大切にしていた思いを凝縮した珠玉の言葉で、楊名時太極拳の〝こころ〟ともいえるものだ。逆境の中から導き出された、楊名時の「健康・友好・平和」への思いが、楊名時太極拳の目指すところである。

太極拳五則

太極、それは大宇宙。
大宇宙の中で
生かされている
小宇宙の私たちは、
小さな個にとどまらないで、
心の和を輪にして、
世界中の和（輪）に
つなげたいものです。

〈和而榮〉

和して栄える。争わない、心を寄せ合う。太極の道は和の道です。心静かに柔らかな動きの中で気を巡らし、自分の健康、幸福、仲間の世界の人々の健康と幸福を願って太極拳をしていると、大宇宙と小宇宙の自分とが一体となり、心は広々と広がり、「和」の輪が生まれます。

「和」とは、生きとし生けるこの世界の大調和なのです。

〈同心協力〉

同じ心を持って力を共にすること。太極の道は、自分を大切にし、友を大切にするところから生まれます。みんな仲良くしてこそ、美しい心が生まれ、安らかな呼吸ができ、柔らかな動きができ、そして健康が生まれ幸福を実感できるのです。

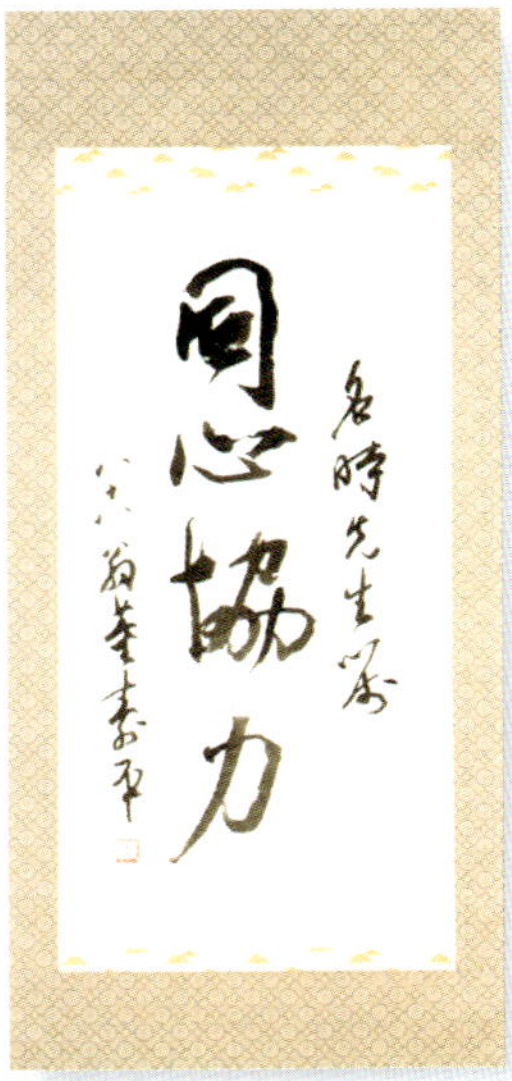

まあ～るく やわらか～く

楊名時師家は、立禅や甩手を行いながら、「心も体もまあ～るく、柔らかあ～く」とゆったりとした独特の口調で指導していたという。そして、「流水不争先」という言葉を好んで用いた。流れる水はわれ先を争うのではなく、ともにひとつの大きな流れを形作っていく。流れる水は活力にあふれ、いつまでも腐ることがない。水は自らとどまることなく、どこまでもたおやかに流れ続ける。

師家が目指したのは、単なる武術としてではなく、また単なる健康法としてではなく、すべての人がその人らしく仲間と幸せを分かち合いながら生きるための術としての太極拳だった。

「楊名時太極拳が他の太極拳と違うのは、その精神性ではないでしょうか。〝比べない、競わない、争わない〟という考えは、実に居心地がいいものです。下手だろうが、覚えが悪かろうが、人と比較する必要がないから、心が穏やかでいられます。そのときの自分のペースで太極拳に向き合えばいいのです。だから長く続けられるし、続けているうちに人の和が広がり、稽古がより楽しくなる。続ければ本当に体も心も元気になれる。こんな一生の財産をいただいたことに、いつも感謝しています」

（太極拳歴30年以上、師家の弟子より）

〈心息動〉

もっとも大切なのは「心」。人間は心の存在です。あなたの心が健康を作るのです。豊かで大きくて、広々としていて、こだわりのない心は、苦しいことも嬉しいことも、すべてを無にして動く太極拳の中から生まれます。「息」は呼吸、生きること。呼吸はすべての武道の極意であり、健康法の源です。「動」は体から力を抜き、気血を全身に巡らせながらゆったりと鶴が舞うごとく動くことです。この三位一体が人生の要諦です。

〈健康・友好・和平〉

この三つの言葉は、楊名時太極拳の理念であり、また目指す方針でもあります。第一は「健康」すべての幸せ、喜びの出発は健康にあると思います。そして「友好」。人間はひとりでは生きていけません。支えたり、支えられたりして、幸せに生きることができるのです。この健康と友好をふまえて、私たちが目指す理想は「和平」、つまり「平和」です。

稽古をするとき、私達は静かな動きの中で、心から皆の健康と幸せを祈っています。この心が世界に広がれば、世界中が仲良く手をつなぎ、戦争など起こらない世界平和へと発展していくことでしょう。そうあることを私は願っています。

〈博愛〉

広く多くの人々を心から愛情豊かに大切にすること。人間だけではありません。宇宙にあるものすべてを愛する心も博愛です。人が争うことなく、みなが和の心を持って幸せな世界にしたいものです。

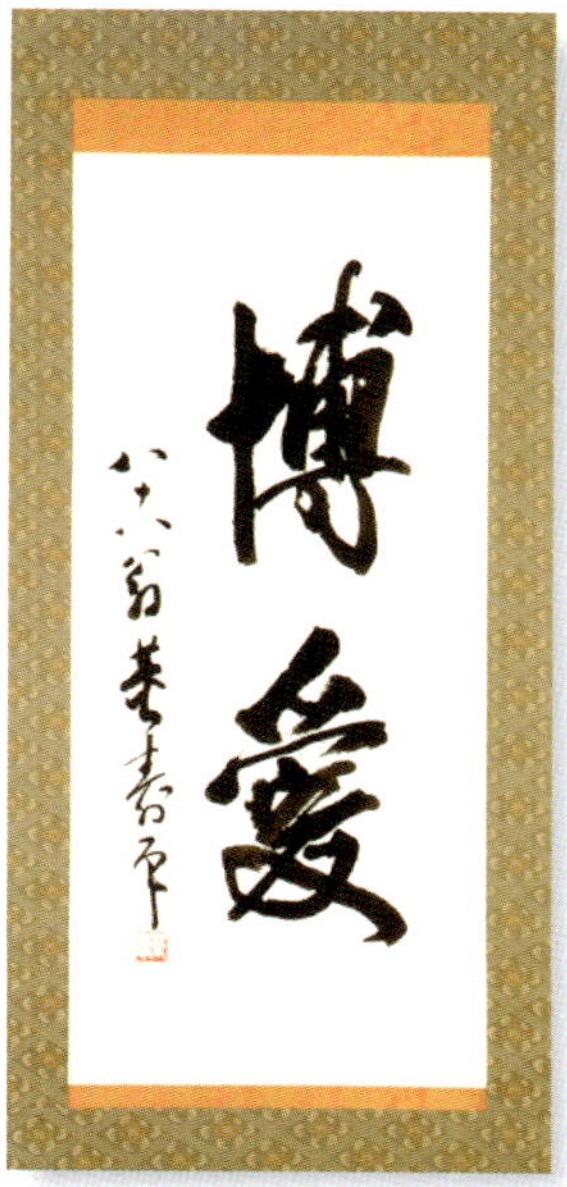

楊名時太極拳の今、そしてこれから

日本で生まれてから50年、多くの人々に愛されてきた楊名時太極拳は、師家亡き後も、その独特の世界観とすぐれた健康効果で人々を魅了し、広がり続けている。

「私は、師家・楊名時という大きな人の生き方を間近で見てこられた幸運な人間の使命として、楊名時太極拳の〝こころ〟を、自分らしい方法でしっかりと伝えていきたいと思うのです。父が私に無言で教えてくれたことを胸に、いつも自分には何ができるのだろうと考えています」（楊慧師範）

玲奈師範は、太極拳をもっと若い人たちにも知って体験してほしいと、雑誌やテレビのマスコミにも多数登場、青空教室なども開催。積極的に指導・PR活動を行っている。

「祖父が亡くなってから自分は太極拳の指導を始めたので、指導を通じて師家にふれている日々です。今は母と同じく自分も伝える立場にいることを思うとプレッシャーはありますが、楊名時太極拳の奥の深さを伝えていけたら…と願っています。楽しく続けてもらいたいと思って指導しています。

昨年、楊名時太極拳は創立50年を迎えました。私たちには、次は１００周年を目指して、これから50年後も今のように同じ気持の仲間と稽古ができたらいいな、という夢があります。先に先に長い目標を描いて、楊名時太極拳の世界がどんどん広がり続けてくれること、みんなの健康と幸せを願って、母と一緒に楊名時太極拳のよさを伝え続けていきたいと思います」（楊玲奈師範）

鎌倉・東慶寺に永眠する師家・楊名時。“まぁ〜るく”の和の心を愛した師家らしく、その墓石はまんまるで特別な存在感を放つ。墓石には“無心”と彫られている。今回、イメージ写真や映像の撮影を東慶寺で行なった。

NPO法人　日本健康太極拳協会

その願いは＜健康・友好・平和＞

師家・楊名時

和の心は輪となってつながり続け、
全国に大きな輪が広がっています。
どなたでも参加できます。
健康と幸せを願って、心を込めて、
深い呼吸とともに体を動かしましょう。

1960年に師家・楊名時により創立された楊名時八段錦太極拳友好会を母体として、1999年にNPO法人「日本健康太極拳協会」が設立されました。協会は50年の伝統を引き継いで活動を続けています。全国に35の支部を持ち、所属する指導者は4000人を超え、各県には数百の教室が地域に密着して開催されています。

老若男女誰でも参加ができること、他者と技を競い合うのでなく、誰もの健康と幸せを願い、和を大切に稽古を重ねる思想から、多くの人に支持されています。

協会には誰もが入会が可能。各支部では会員相互の親睦や技術向上を図るための講習会・研修会も多く開催され、協会主催の行事も定期開催されています。昨年開催された「協会設立50周年記念全国大会」では6000名が参加。その他、協会による機関誌『太極』をはじめ、多数の出版物や教材、関連商品がリリースされています。

東京・神田にある本部道場会館（楊名時太極拳記念会館）は、師家・楊名時が生前こよなく愛した中国書画のコレクションが閲覧できる展示室も備え、今なお師家を身近に感じることのできる道場で、日々さまざまなクラスが開講されています。道場のフロアは高品質な桜の木を使用。とても心地よく動きやすいと評判です。

「流水不争先」一流れる水は先を争わない一は師家が好んで使った言葉

師家がこよなく愛した中国美術品コレクションより「観音立像」

日本健康太極拳協会
理事長　楊進師範

東京神田にある本部道場会館の稽古場

楊名時太極拳記念会館

さまざまな行事や研修会が全国で開催されている

日本健康太極拳協会
〒101-0054
東京都千代田区神田錦町2丁目5－10
TEL:03-3259-8044　FAX:03-3259-8587
http://www.taijiquan.or.jp/

二十四式太極拳

Tai-Chi Chuan

その優美で繊細な動きから、師家・楊名時によって「鶴の舞」と表現された二十四式太極拳。呼吸と意識、動作を調和させ、心を無にして動いてみましょう。

十字手 shi zi shou

01 起勢 qi shi

02 野馬分鬃 ye ma fen zong

03 白鶴亮翅 bai he liang chi

04 摟膝拗歩 lou xi ao bu

05 手揮琵琶 shou hui pi pa

06 倒捲肱 dao juan gong

07 左攬雀尾 zuo lan que wei

08 右攬雀尾 you lan que wei

09 単鞭 dan bian

10 雲手 yun shou

11 単鞭 dan bian

12 高探馬 gao tan ma

13 右蹬脚 you deng jiao

14 双峰貫耳 shuang feng guan er

15 転身左蹬脚 zhuan shen zuo deng jiao

16 左下勢独立 zuo xia shi du li

17 右下勢独立 you xia shi du li

18 左右穿梭 zuo you chuan suo

19 海底針 hai di zhen

20 閃通臂 shan tong bei

21 転身搬攔捶 zhuan shen ban lan chui

22 如封似閉 ru feng shi bi

23 十字手 shi zi shou

24 収勢 shou shi

二十四式太極拳

準備

十《シー》字《ズー》手《ショウ》

shi zi shou

両手を十字に組む動き

【image】

両手を頭上で十字に組み、大宇宙に挨拶をするイメージです。太極拳二十四式に入る前に、呼吸を整え、心を落ち着かせ、無にする準備として行います。

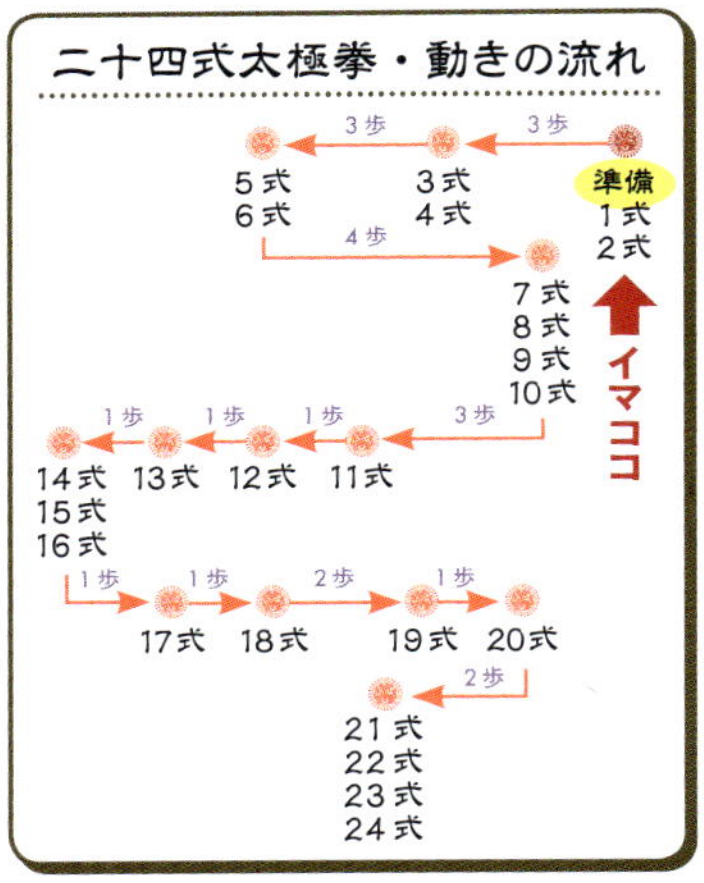

稽古のポイント

十字手は、立禅、甩手の後、二十四式太極拳に入る前に呼吸を整え、心を落ち着かせるための運動で、欠かすことのできない大切な動きです。

自然のエネルギーを体の中に取り入れるつもりで、深く長い呼吸をしながらゆったりと動くと、心が広々とおおらかに、そして平らかに静まってきます。自分という存在を包み込む宇宙と一体になるようなイメージで行いましょう。半眼もしくは目を閉じると、より世界に入りやすくなります。

Check
両ひざは少し
ゆるめます

足を閉じて立つ

両足をそろえ背筋を伸ばして立ちます。肩とひじの力を抜き、両手は自然にたらします。

Check
息を鼻から吸いながら
両手を上げて

左足を肩幅に開き
両手を上げていく

左足を肩幅に開き、気を丹田に沈めて呼吸を整え「自然立ち」したら、両手をゆっくり開いていきます。

両手を交差させる

両手を頭上で交差させ、十字手に組みます。交差は右手が外側、左手が内側です。

十字手を下ろす

息を吐きながら、両手を交差させたまま、胸の高さまで下ろします。

3

両手を頭上へと上げる

両手をゆっくりと大きく、頭上へと上げていきます。

6

十字をほどき自然立ちになる

両腕を開きながらゆっくりと脇に下ろします。自然立ちになり、腹式呼吸をゆっくりと1、2回します。

太極、つまり大宇宙である自然と、小極、
つまり小宇宙である人間とは、
呼吸という営みによってつながっています。
大宇宙に身をゆだねながら、
大宇宙に挨拶をする気持で
十字手を行いましょう。

十字手の効能

十字手は、頭が天から吊り下がっているイメージで背筋をまっすぐにして立ちます。それによって自分の体の真ん中に軸を感じることができ、姿勢を矯正します。また、手を肩から頭上に上げる動作で肩関節をほぐし、肩こりの改善にも効果的。ゆったりとした呼吸に合わせて、手先に気を流す意識を持ち手をゆっくりと動かしていくと、心が落ち着いていきます。

01
起《チ》勢《シ》　qi shi　へ続く

二十四式太極拳の動きの流れ

二十四式太極拳では、前進・後退など、どちらの向きにどれくらい移動していくか、動きの流れを示した図です。各式のページには、「今ここ!」という場所をマークしています。自分の居る位置を確認したり、動きの方向をイメージすると覚えやすくなります。しっかり流れを頭に入れて稽古しましょう。

二十四式太極拳 01式

起《チー》勢《シー》 qi shi

所要時間目安… 約 10 秒

【image】

はじめの姿勢

「起」は始め、「勢」は形という意味です。深く長い呼吸を意識しながら、ゆったりと手を上下させる動きです。

そのまま型を真似できるよう背面から見ています

1

自然立ちをする

背筋を伸ばし、両足を肩幅くらいに開き、ひざを少し曲げて「自然立ち」します。全身の力を抜いてゆったりさせ、精神を集中させます。

正面から見る

Check
下あごをやや引いて頭・首をまっすぐに

2

両手を肩まで上げる

息を吸いながら両手を肩の高さまで上げます。

Check
両手のひらを下に押すような気持ちで

3

腰を落とす

腰をゆるめ、落としながら両手を胸前に下ろします。

二十四式太極拳・動きの流れ

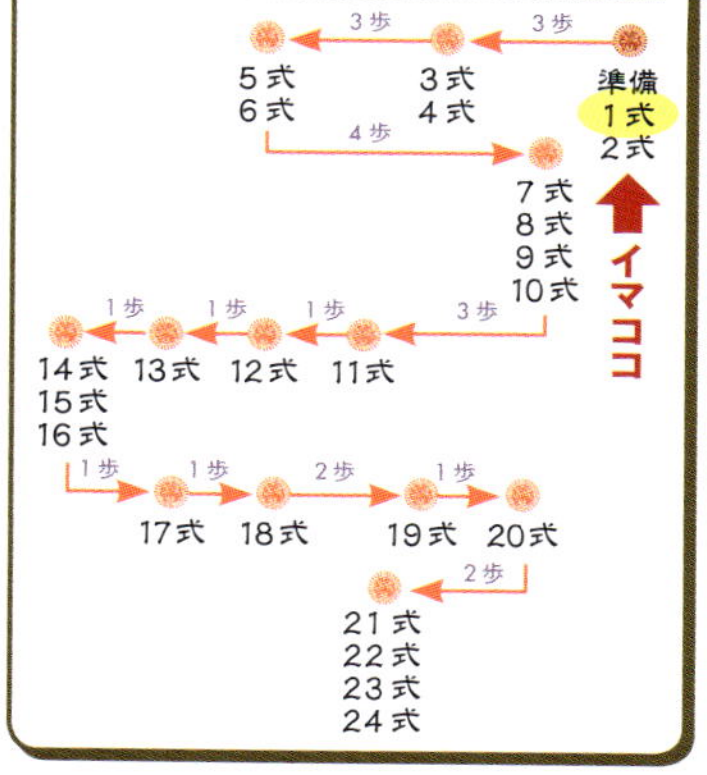

稽古のポイント

腰とひざをゆるめて重心は両足の中間に置きましょう。おしりが出っ張らないように自然な姿勢で。両腕の動きと腰を落とす動作が調和するように心がけましょう。はじめの姿勢なので、精神を集中させて、心を鎮めるよう意識しましょう。

02 野《イエ》馬《マー》分《フェン》鬃《ソン》 ye ma fen zong へ続く

二十四式太極拳 02式

野馬分鬃《イエマーフェンゾン》

ye ma fen zong

所要時間目安… 約1分

野馬のたてがみを分ける動き

【image】

鬃とは馬のたてがみという意味。たてがみを両手でやさしくかき分けるようにしながら、3回、左、右、左と同じ動きを繰り返し進みます。

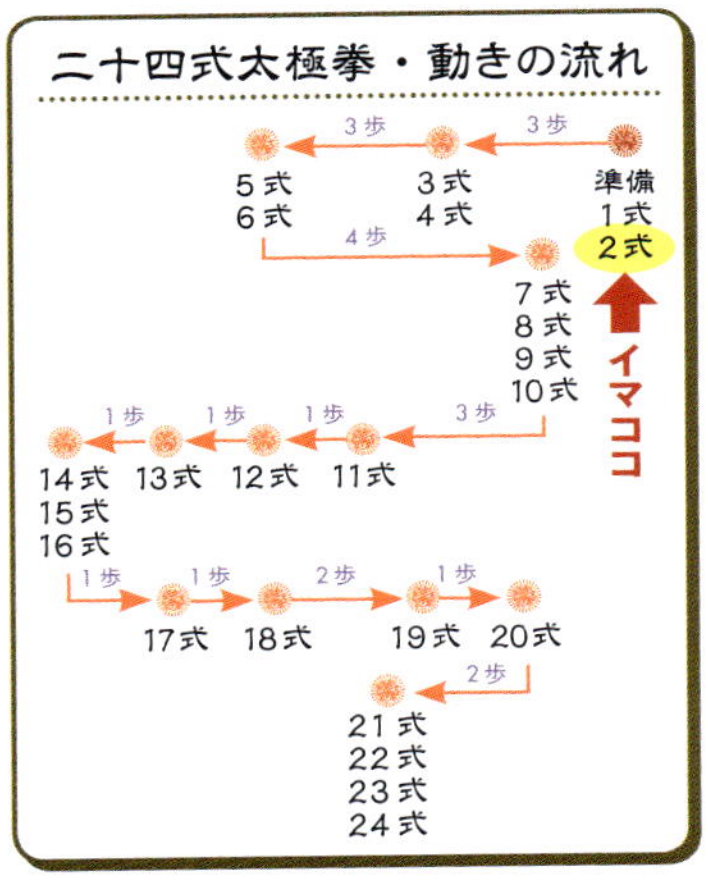

稽古のポイント

右手を上、左手を下にボールを抱えた形から左足を踏み出し、左手を前、右手を腰の脇へ。左、右、左と同じ動作を繰り返しながら3歩前進します。

上体をまっすぐにし、胸はゆったりさせ、両手は自然に開きます。動作を変化させるときは腰を中心に回転させ、手、足のバランスをとることに気をつけます。

二十四式太極拳 01 の続き

そのまま型を真似できるよう背面から見ています

腰を左に回す

腰を左に回します。

Check 左足には体重の7割をかけて

重心を左足に移す

左ひざを曲げてゆっくりと左足に体重を移し、左手を前に出していきます。

Check 左つま先は左に少し開いて上げます

左手を前へ伸ばし、重心を右足に移す

重心をゆっくり右足に移します。左つま先を上げ、少し開きます。右手は下に向けて腰骨のあたりに。

02 野《イエ》馬《マー》分《フェン》鬃《ゾン》 ye ma fen zong

2

両手を回し始める

ゆっくり息を吸いながら左手を下へ、右手は上へ、弧を描くように回し始めます。

3

正面から見る

Check
ボールの大きさに注目。手が体に近づきすぎないように

両手でボールを抱える

右手は胸の高さで、左手は腰の高さあたりで、胸の前でボールを抱えるような形をとります。

4

重心右足に移す

ボールを抱えた形のまま上体をやや右に回し、重心を右足に移して左足を寄せます。

5

上体を左に回す

ボールを抱えた形のまま上体を左に回していき、左足かかとから左斜め前に踏み出します。

8

重心を左足に移す

左足に重心を移していきます。

9

Check
③と反対で左手が上、右手が下で抱えます

ボールを抱えて右足を引き寄せる

再びボールを胸の前で抱えるようにしながら、右足を左足に引き寄せます。

楊名時師家の教え

動禅

太極拳は「動く禅」ともいわれ、動きの中で静を求めます。【禅】とは、静かに考えることで、おなじみの座禅では、体を整え、呼吸を整え、心を整えることを、座禅の要訣としています。これはそのまま太極拳の意図するところです。稽古をするときは無我の境地で、雑念を払い、動くことに集中しなくてはなりません。

Yang Ming-Shi

次頁へ続く

前頁からの続き

10

右足を踏み出す

引き寄せた右足をかかとから右前に踏み出します。

11

重心を右足に移す

重心を右足に移し、右手は自然に前に。

12

右手を前へ伸ばす

右手は自分に向けて前方へ、左手は腰骨の前あたりに。

13

重心を左足に移す

重心を左足に移し、右つま先を上げます。

17

Check

左つま先は左に少し開いて上げます

左足を踏み出す

上体を左へ回しながら、左かかとから前へ踏み出します。

Check

踏み出した足と後ろの足が直線にならないよう

18

重心を左足に移して左手を前へ伸ばす

重心を左足に移し、左手は自然に前に。右手は腰骨の前あたりに。

稽古要諦

気《チ》沈《チェン》丹《ダン》田《ティエン》

心《シン》静《ジン》用《ヨン》意《イ》

気を丹田・おへその下3㎝くらいのところに集中させます。気とは、体内を流れる目に見えない生命エネルギーのことです。雑念を払い、体中の力を抜き、静かな深い呼吸で自分の気持を下腹部に集中させます。下腹部を充実させると重心が保たれます。

気が集中してきたら、心を静めて意を用います。意を用いるとは、力で表現するのではなく、意識を伴って表現するという意味です。

太極拳は、心、呼吸、動きの三つがそろって初めて効果があります。心を静めて、動作に意識を向けて行いましょう。

02 野《イエ》馬《マー》分《フェン》鬃《ゾン》 ye ma fen zong

上体を右に回す

上体を腰から右に回し、右つま先を少し開きます。

Check
重心移動を
しっかりして
グッと前方へ

重心を右足に移す

右つま先を下ろして重心を右足に移し、左足を寄せ始めます。

右足に重心をおき ボールを抱える

左足を引き寄せ、両手は胸の前で再びボールを抱える形にします。

03 白《バイ》鶴《ホー》亮《リャン》翅《チー》 bai he liang chi へ続く

二十四式太極拳 03式

白《バイ》鶴《ホー》亮《リャン》翅《チー》

bai he liang chi

所要時間目安… 約 15 秒

【image】

白鶴が羽を広げようとする動き

白鶴が羽を広げ、飛び立とうとする動きをイメージしています。上げた右手は「天」、下ろした左手は「地」を表しています。

右足を半歩前へ

右足を半歩前へ寄せます。

二十四式太極拳 02 の続き

そのまま型を真似できるよう背面から見ています

二十四式太極拳・動きの流れ

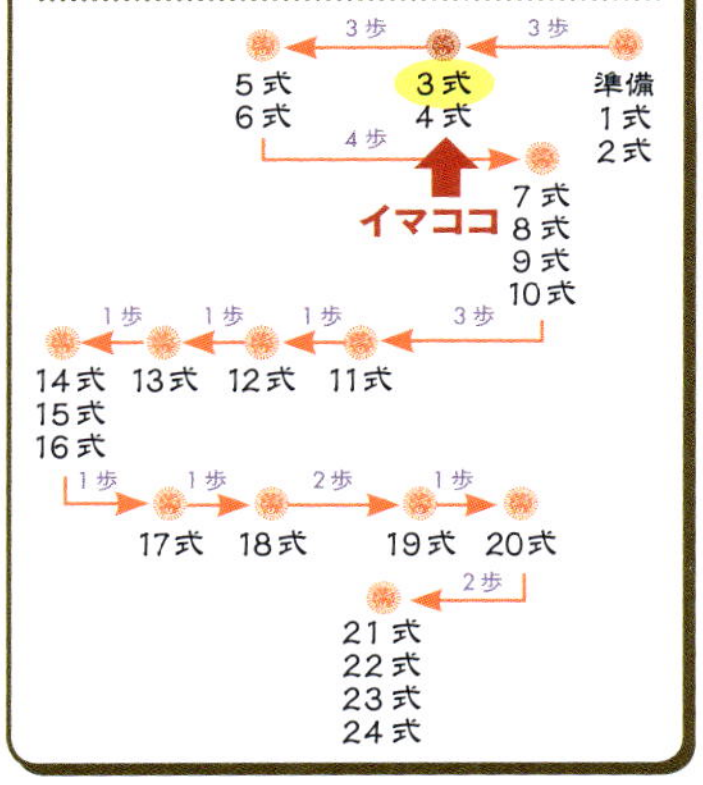

楊名時師家の教え

鶴のごとく

楊名時師家は太極拳を演舞するとき、鶴の飛翔する姿をイメージし、鶴の優美で繊細な動きに重ね、太極拳を「鶴の舞」と紹介しました。この「白鶴亮翅」の名からも見てとれるように、型は鶴と蛇の闘いから考案されたともいわれています。

稽古のポイント

鶴が羽を広げようとしている動きをイメージし、手をのびのびと優雅にゆったりと広げていきましょう。背筋をまっすぐに伸ばして、最後の⑤では視線を右手に向けます。背筋を伸ばして右足に重心をかけながら、気を右手から右足へと下ろしていく意識を持ちましょう。

03 白《バイ》鶴《ホー》亮《リャン》翅《チー》 bai he liang chi

右足に体重を乗せる

右足に体重を乗せます。

左足はつま先をつける

左つま先をつきます。

Check

背筋はまっすぐ伸びていますか？

右手を上げていく

右手を上げていきます。

両手を開く

右手のひらを内側に向けて上へ、左手のひらを下に向けて下へ、両手を開いていきます。

04 摟《ロウ》膝《シー》拗《アオ》歩《ブー》 lou xi ao bu へ続く

二十四式太極拳 04式

摟《ロウ》膝《シー》拗《アオ》歩《ブー》

lou xi ao bu

所要時間目安… 約 50 秒

ひざを払いながら歩みを進める動き

【image】

ひざ前を払いながら攻め進んでいくイメージの動きです。手で払いながら左、右、左と3歩前進します。

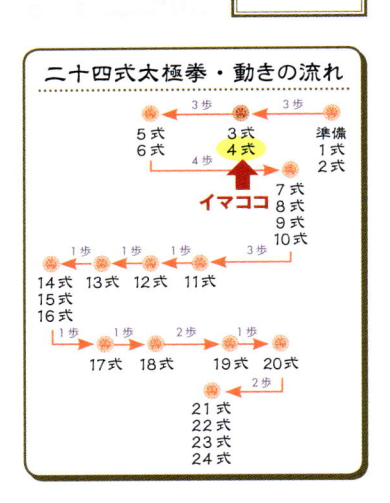

上体を進行方向に戻す

ゆっくり息を吐きながら、上体を進行方向に戻し、右手を下ろし始めます。

二十四式太極拳 03 の続き

そのまま型を真似できるよう背面から見ています

Check

左手でひざ前を払う動きです

重心を左足に移す

左足に重心を移しながら、右手を耳横から前へ押し出し始めます。左手は左ひざ前を払うように下げていきます。

左足を踏み出す

上体を左に回しながら、弧を描くように左手を下ろし、左かかとから踏み出します。

二十四式太極拳・動きの流れ

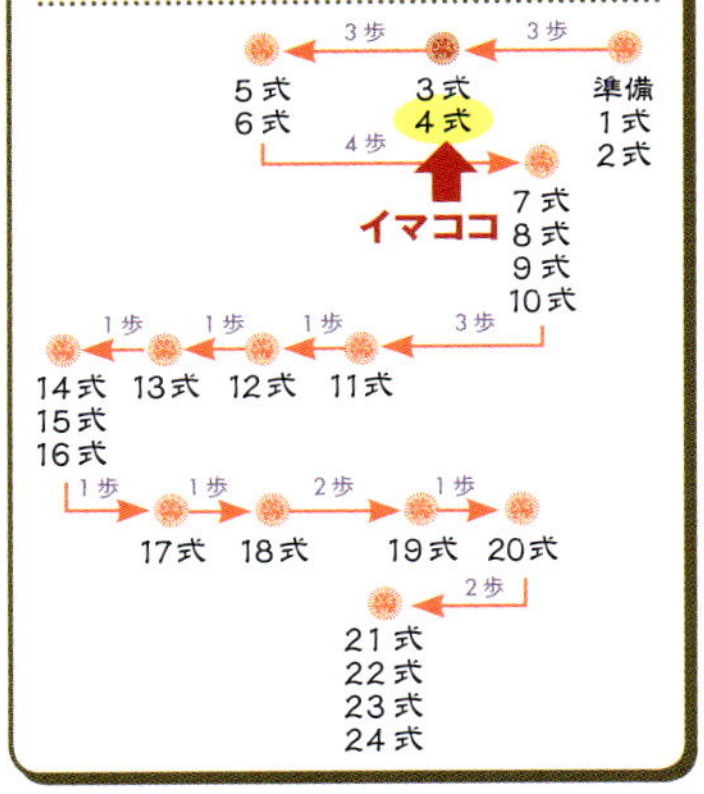

04 摟《ロウ》膝《シー》拗《アオ》歩《ブー》 lou xi ao bu

Check
②〜④まで左ひざの高さを一定にキープします

右手を胸の高さまで下ろす

右手のひらを内側に向けて、弧を描くようにしながら、右手を胸の高さまで下ろします。

上体を右へ、右手を上へ

ゆっくり息を吸いながら、上体を右に回し、右手は弧を描きながら手のひらを返し、肩の高さまで上げます。

左手を胸に寄せる

左手を右胸の前まで引き寄せ、手のひらを下向きにします。

右手を押し出す

右手を前方に押し出します。左手は手のひらを下向きにして腰骨の前まで下ろします。

重心を右足に移す

重心を徐々に右足に移しながら、左つま先を上げます。

Check
つま先を外側に開くことを忘れずに!

上体を左へ回し左手を上へ

ゆっくり息を吸いながら、上体を左へ回し、左手を上げていき、左つま先を少し開きます。

重心を左足に移す

左つま先を下ろし、左足に体重を移します。

次頁へ続く

前頁からの続き

右足を引き寄せる

右足を左足に寄せ、左手は肩の高さで、右手は胸の前へ。

右足を踏み出す

左手は左耳の横に寄せ、右手は弧を描くように下ろし、右かかとから踏み出します。

重心を右足に移す

重心を右足へ移しながら左手を前へ押し出し始めます。右手は右ひざ前を払うように下げます。

Check
押し出す動きに合わせて気の流れを意識しましょう

左手を押し出す

左手を前方に押し出します。右手は手のひらを下向きにして、腰骨の前あたりまで下ろします。

Check
目線は右手の先に向けます

重心を右足に移す

右つま先を下ろし、右足に重心を移します。

左足を引き寄せる

左足を右足に寄せ、右手は肩の高さで、左手は胸の前へ。

Check
左手のひらを左ひざに向けます

左足を踏み出す

右手は右耳の横に寄せ、左手は弧を描くように下ろし、左かかとから踏み出します。

Check
押し出す動きに合わせて気の流れを意識しましょう

右手を前へ押し出す

重心を左足に移しながら、右手を押し出します。左手は左ひざ前を払うように下げ、手のひらを下向きにして腰骨の前あたりに。

15

重心を左足に移す

重心を徐々に左足に移しながら、右つま先を上げます。

16

上体を右へ回し右手を上へ

ゆっくり息を吸いながら、上体を右へ回しながら右手を上げていき、右つま先を少し開きます。

楊名時師家の教え

川の流れのように

太極拳は悠々と流れる川のごとく、動きが連続しているもの。よって稽古するときは、それぞれの技を学ぶかたわら、全体の流れを振り返ってみることも大切です。誌面では詳しく動きを説明していますが、体調に合わせてできる範囲で行えばよいのです。

稽古要諦

沈《チエン》肩《ジエン》垂《チュイ》肘《ジョウ》

肩とひじの力を抜いて下げます。力んで肩に力を入れてしまうと、気血の循環を妨げるので健康上よくありません。自然体で立っているときはもちろん、型を行うときも、肩、ひじが上がらないようにしましょう。

武道的に見ても、手を伸ばしたときに肩が自然に下がり、ひじに余裕があると相手から攻撃されにくく、技も力強くなります。

身《シエン》正《ジエン》体《ティ》鬆《ソン》

「身正」は姿勢をよくすること。「体鬆」は体をふんわりと柔らかくするという意味です。体を意識してゆるやかに柔らかくすれば、心もリラックスします。

稽古のポイント

手を後方から前へ押し出すとき、体のバランスがくずれないように。腰をゆるめて肩を落とし、自然な姿勢を保って腰と足の動きを連動させるイメージを持ちましょう。

2式の「野馬分鬃」と同様に3歩前進しますが、踏み出す足と押し出す手は逆なので、少し腰にひねりが入ります。

05 手《ショウ》揮《フイ》琵《ビー》琶《バ》 shou hui pi pa へ続く

二十四式太極拳 05式

手《ショウ》揮《フイ》琵《ピー》琶《パ》

shou hui pi pa

所要時間目安… 約20秒

両手で琵琶を抱えるような動き

【image】
上体を回しながら両手を動かし、最後に琵琶を抱える動きです。

二十四式太極拳・動きの流れ

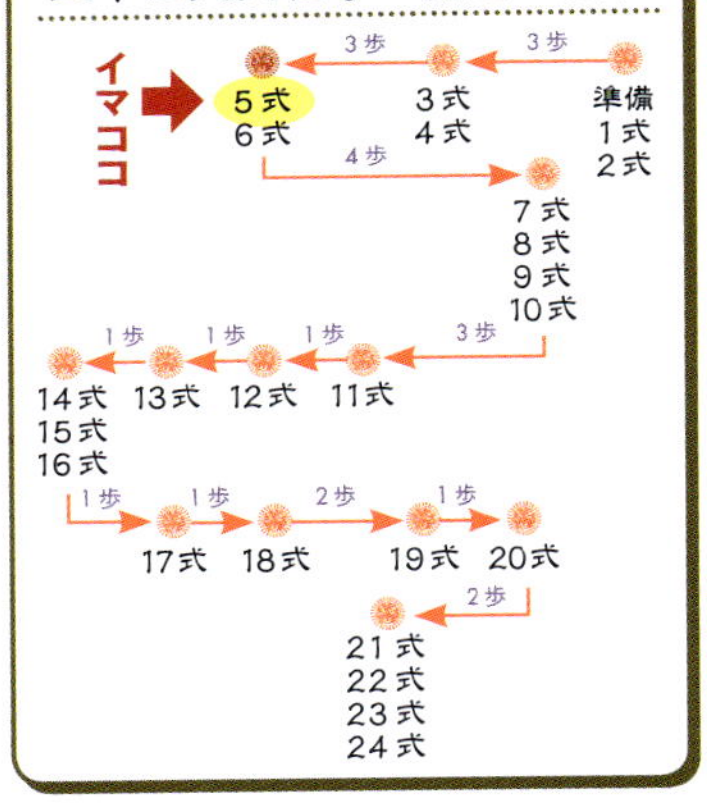

稽古のポイント

上体を自然にします。左手を上げるときはまっすぐに上げず、ゆったりと円を描くようなイメージで上げましょう。このとき、気の流れを意識します。足を引き寄せ→かかとをつける→つま先をつく→かかとをつく、の一連の動きも確実にていねいに行えるようにしましょう。

Check
目線は右手指先を見て

二十四式太極拳 04 の続き

そのまま型を真似できるよう背面から見ています

右足を寄せる

右足を半歩寄せます。

Check
手の動きはDVDをじっくり見て真似してみましょう

正面から見る

左手を右ひじ下へ

上体を右に回しながら、左手を右ひじの下から外側に弧を描くように上げていきます。

右ひじ下を払う

上体を左に回し、右手のひじ下を払うようにして左手を上げます。

Check
ここから息を吸います

重心を右足へ移す

右足かかとを下ろし、右足に重心を移します。

左つま先立ち

左足はつま先立ちにして、一度上げます。

左足を下ろす

左足をかかとから下ろします。

Check
琵琶のある空間をイメージして。上体が曲がらないように注意

琵琶を抱えるように

ひざをゆるめ腰を落としながら、琵琶を抱えるように両手のひらを内側に向けます。

楊名時師家の教え

不老拳

01 起勢、02 野馬分鬃、03 白鶴亮翅、04 摟膝拗歩、05 手揮琵琶、06 倒捲肱、07 左攬雀尾、08 右攬雀尾、09 単鞭、までを行い、次に 23 十字手、24 収勢につなげて11の技でまとめたものを「不老拳」といいます。

足を高く上げたり、低い姿勢になったりすることがないので、高齢になっても楽しめる太極拳です。

06 倒《ダオ》捲《ジュエン》肱《ゴン》 dao juan gong へ続く

二十四式太極拳 06式

倒《ダオ》捲《ジュエン》肱《ゴン》

dao juan gong

所要時間目安… 約 1 分 10 秒

腕を逆さに巻く動き

【image】

腕を左右に大きく開き、のびやかに動かしながら後退する動きです。「倒」で倒れ、「捲肱」は腕を巻くようにという意味なので、腕を逆さに巻きながら後退する動きです。

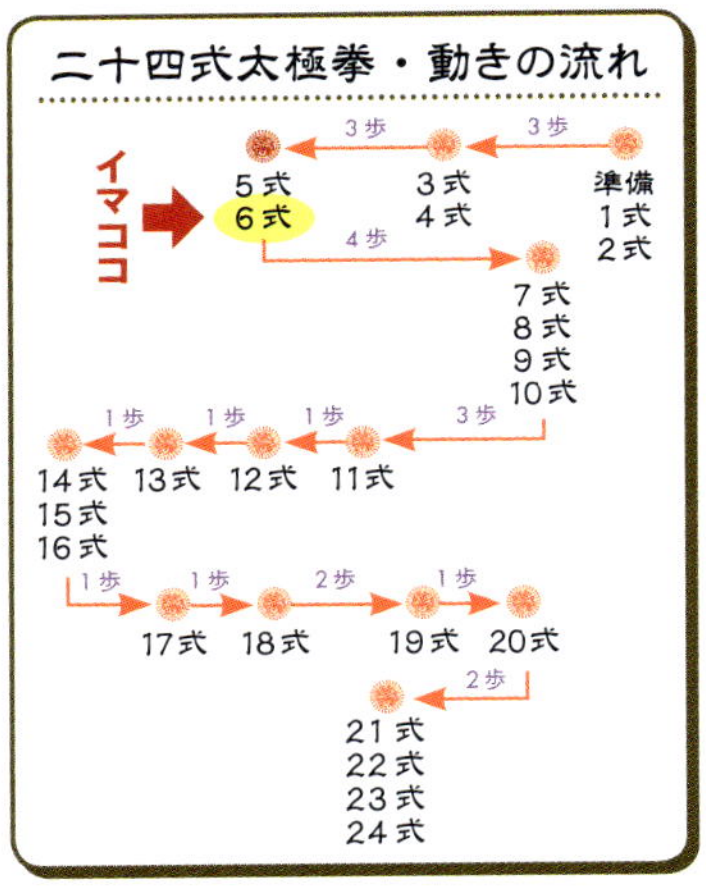

Check
背筋を真っ直ぐに。ぐらぐらしないように立って

4

左足を上げる

左ひざをももから上げます。右手は右耳の横に。

5

左足を後ろへ

左足を一歩後ろへ、つま先からつきます。

10

左足に体重を移す

上体を右に回しながら、体重を左足に移します。左手は左耳の横に。

次頁へ続く

稽古のポイント

伸ばした手の指は自然にゆるめ、動かすときは円形を意識します。後退するときは前ひざを軽く曲げてバランスをとり、静かに足どり軽く行います。足を上げる動きのときは、腰を軸に背筋を伸ばしてバランスをとります。目線は手の動きに合わせて右手や左手を見ます。一連の動きは、繰り返し練習することでバランスがとれるようになるでしょう。

06 倒《ダオ》捲《ジュエン》肱《ゴン》 dao juan gong

ここから

二十四式太極拳 05 の続き

そのまま型を真似できるよう背面から見ています

正面から見る

1 両手を下ろす

上体を右に回しながら、両手のひらを下に向け、お腹の前あたりまで下ろします。

Check 大きく息を吸いながら…

2 両手を開く

両手のひらを返しながら、内側から大きな弧を描くように肩の高さまで上げ、左右に開きます。目線はやや右手の方に置きます

3 上体を左へ回す

上体を左へ回しながら、手のひらを上にして左手を前に出していきます。

6 体重を左足に移す

右手は胸の前へ出し、左手は腰のあたりまで下ろしながら、体重をゆっくりと左足に移します。

Check 右手はゆるやかに立てて押し出します

7 右手を前へ押し出し 左手は後ろへ

右手を前へ押し出します。

8 両手を下ろす

上体を戻しながら両手を体に寄せます。

9 両手を開く

両手のひらを返しながら、内側から大きな弧を描くように肩の高さまで上げ、左右に開きます。目線はやや左手の方に置きます。

前頁からの続き

Check
右ひざは軽く曲げて

右足を上げる

右ひざをももから上げます。

右足を後ろへ

右足を一歩後ろへ、つま先からつきます。

体重を右足に移す

左手は胸の前へ出し、体重をゆっくりと右足に移します。

左手を前へ押し出し右手は後ろへ

左手を前に押し出し、右手はみぞおちあたりまで引き寄せます。

①〜⑭をもう一度繰り返します

＊①〜⑭をもう一度繰り返します

稽古要諦

内《ネイ》外《ワイ》相《シアン》合《ホ》

由《ヨウ》鬆《ソン》入《ルー》柔《ロウ》

「内」とは精神、「外」とは肉体、動きのことです。太極拳を練習するときには、この心と体の統一をはかることが大切です。太極拳は二十四の型を演じる最初から最後までの一定の時間、動きを絶つことがない、また、意識の面ではひとつの気を貫くことに特徴があります。

「由鬆入柔」とは、体をふんわりとリラックスさせれば、そこから柔らかさが生まれてくる、ということです。

楊名時師家の教え

上げるひざの高さ

足を上げて片足立ちするとき、ひざの高さには、①ももと水平に上げる、②へその高さに上げる、③みぞおちの高さまで上げる、の三段階があります。標準は①ですが、体調や年齢によって加減します。始めたばかりの頃や、バランスをとるのが不得手な場合、①ももと水平までひざが上がらなくても大丈夫です。自分のできる範囲でよいので、無理をしないことが大切です。

07 左《ズオ》攬《ラン》雀《チュエ》尾《ウエイ》 zuo lan que wei へ続く

太極拳と気

**太極拳では、動きの中で「気の流れを意識する」
「気を通す」などといわれますが、「気」とはどんなものなのでしょう？
「気」がうまくイメージできると太極拳の効果が全然違う、とも言われています。
そこで「気」について考えてみましょう。**

「気」とは？

中国では古来より「気」は、自然界に存在するすべての物質の生命エネルギーであるととらえられてきました。空、そして空の雲や風を作るのは大気であるように、自然界は大気なくしては成立しません。その同じ大気が呼吸を通じて人間の体内に充満し、循環して、生命力として働くからこそ、人間は生きています。太極拳のいう「太極、つまり大宇宙である自然と、小極、つまり小宇宙である人間とは、呼吸という営みによってつながっている」は、ここからきています。つまり、私たちは「気」があるから生きているということです。よく「病は気から」と言いますが、これも体に悪い「気」が溜まることから病気になるという意味なのです。

「気」の流れ

中国医学では、人間は五臓六腑（臓は心・心包、肝、腎、肺、脾、腑は小腸、三焦、胆、膀胱、大腸、胃）に、「経絡」という、いわば生命力のルートが巡っていて、その経絡に気が滞りなく流れることで健康が保たれると考えられてきました。気の流れが滞ると、体に痛みや病気の不調が出てきます。これを鍼やお灸で治そうとするものが鍼灸ですが、呼吸と動きで回復しようというのが太極拳です。では、「気」を滞りなく流すにはどうすればいいのでしょう？

「気」を流すには

太極拳は、もともと経絡を意識した動きとして考案されているので、ひと通り行えば、体中の経絡が開かれ、全身の気の流れをよくし、マッサージしたような効果があります。八段錦や二十四式太極拳の動きにおいては、特に手や足先に「気」を流すイメージを持って、ゆったりと動くと、気の流れがよくなります。

「丹田」に気を集めるとは？

太極拳の始まりや、立禅を行う際に、よく「気を丹田に集めて」といいます。この「丹田」とは、おへそから3㎝ほど下にあるといわれる臍下《せいか》丹田をさします（下図参照）。太極拳で必要な腹式呼吸では、お腹を膨らませながら息を吸います。気を丹田に集める、つまり丹田を意識することで自然と下腹が充実するので、より深い腹式呼吸ができる、すると太極拳効果も高まる、というわけです。

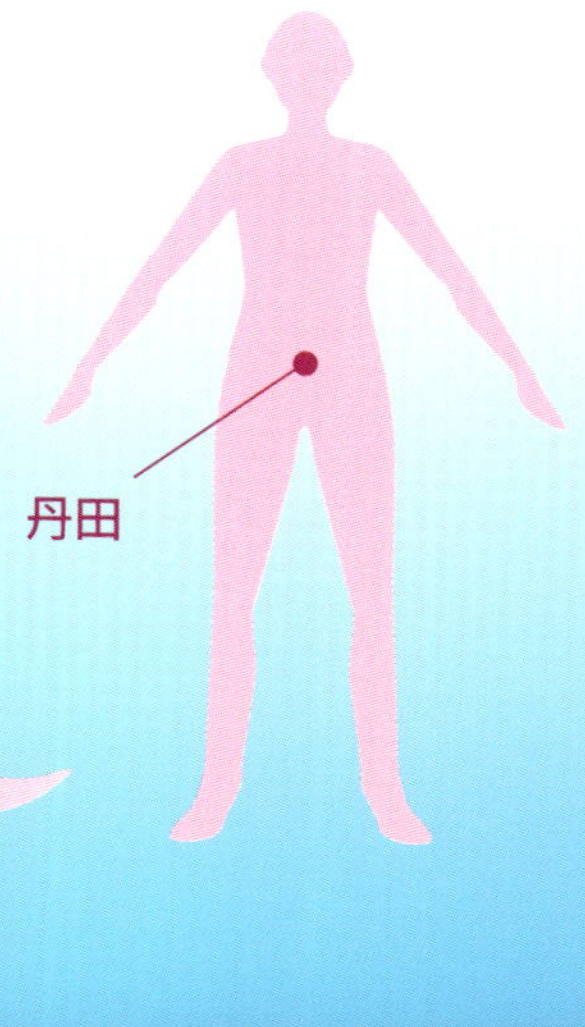

体の中に気というエネルギーの流れを感じ、手や足の動きに合わせて、その先に気を流していく意識を持つと気の流れがよくなる。

二十四式太極拳 07式

左《ズオ》攬《ラン》雀《チュエ》尾《ウェイ》

zuo lan que wei

所要時間目安… 約 40 秒

左で孔雀の尾の形をつくって防ぐ動き

【image】

ボールを抱えた形から、両手を交差して孔雀の尾の形に見立てた形をつくって相手の攻撃を防ぐ動きと、体をひねる動きを組み合わせたものです。８式「右攬雀尾」と対になります。

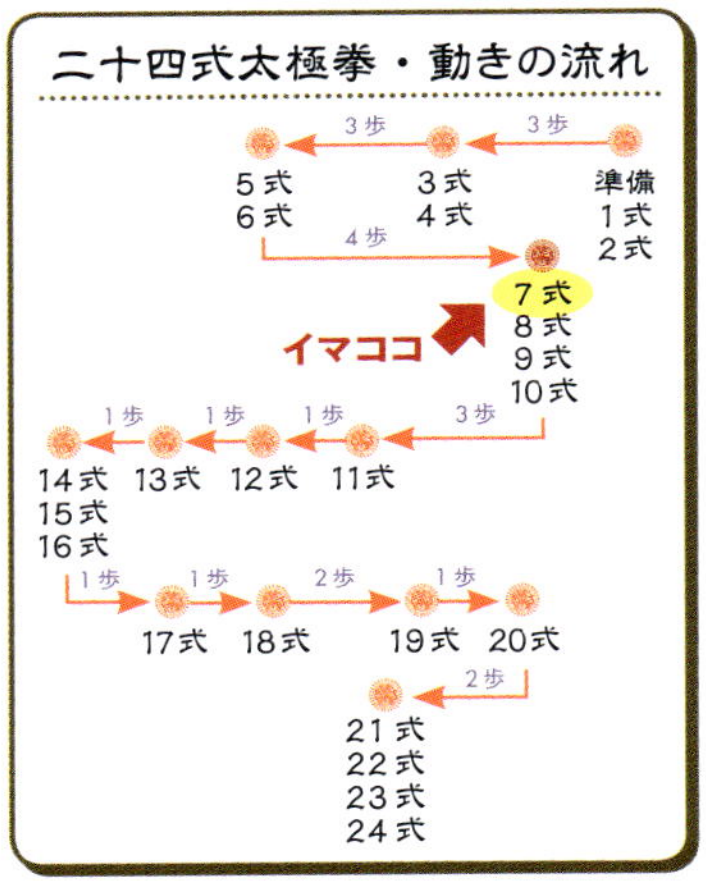

二十四式太極拳 06 の続き

そのまま型を真似できるよう背面から見ています

正面から見る

1

上体を右に回す

ゆっくり息を吸いながら、上体を右に回し、右手を上げ、左手を下げていきます。

6

重心を右足に移していく

左手のひらを下向きにし、右手は胸の前へ上げていきます。

7

両手を引く

重心を徐々に右足に移し、両手のひらは下向きのまま、胸の前あたりに引きます。

稽古のポイント

腕を前へ出すときは、必ずひじを軽く曲げておき、息を吐きながらゆっくりと動きます。手を開く、腰をゆるめる、ひざを曲げる、の３つの動作は、バランスよく行うよう注意しましょう。

07 左《ズオ》攬《ラン》雀尾《チュエウェイ》 zuo lan que wei

Check
ボールはこんな大きさのイメージです

ボールを抱える

左足を引き寄せます。両手はそのまま体の前でボールを抱えます。

左足を踏み出す

ゆっくり息を吐きながら、ボールを抱えた形のまま上体を左へ回し、左足をかかとから斜め前に踏み出します。

左手を前へ

左足に重心を移しながら、左手のひらを内側に向けて前へ伸ばしていきます。

左手を伸ばす

さらに左手を伸ばし、右手のひらは下に向けて腰の脇に下ろします。

Check
水平に円を描くように回します

両手を回す

重心を左足に移しながら、両手を左から前方、お腹の前へと回します。

両手でボールを抱える

正面で小さなボールを抱えるようにします。

右手を上げる

上体を右に回しながら、右足に重心を移します。左つま先を上げ、弧を描くように右手を肩の高さまで上げ、左手は胸の前へ。

次頁へ続く

前頁からの続き

11

両手を押し出す

重心を左足に移しながら、左手のひらを内側に向け、右手を合わせ孔雀の尾形にします。

12

両手を交差させる

右手のひらで左手首を軽く押します。

13

両手をほどいて伸ばす

⑫で交差した両手をほどき、両手のひらを下に向けます。

14

両手を引き寄せる

ゆっくり息を吸いながら、右足に徐々に重心を移します。

15

両手を下ろす

両手を押し下げるように、ゆっくりと腰のあたりまで下ろします。

16

Check
ひじは伸ばしきらず、
ふんわりと腕をあげて

両手を前へ押し出していく

重心を左足に移しながら、下から上に両手を押し出していきます。

17

Check
手の動きに合わせて
気の流れを意識して

さらに押し出す

両手をさらに前へ押し出します。

08 右《ヨウ》攬《ラン》雀《チュエ》尾《ウエイ》 you lan que wei へ続く

二十四式太極拳 08式

右《ヨウ》攬《ラン》雀《チュエ》尾《ウエイ》

you lan que wei

所要時間目安… 約45秒

右で孔雀の尾の形をつくって防ぐ動き

【image】

7式「左攬雀尾」と左右逆の動きをします。はじめにボールを抱えるときは、左手が上で右足を踏み出します。両手を交差して孔雀の尾の形に見立て、相手の攻撃を防ぐイメージを持ってみましょう。

ここから

二十四式太極拳 07 の続き

そのまま型を真似できるよう背面から見ています

正面から見る

1

上体を右に回し両手を開く

重心を右足に移しながら上体を右に回し、左足のつま先を正面に向けます。

2

Check
ボールの大きさはこれくらいのイメージ

ボールを抱える

左足に重心を移し、右足を左足に寄せます。同時に両手は弧を描くように回し、右手を下に、左手を上にして、ボールを抱えます。

3

右足を踏み出す

上体を右に回しながら、右足かかとから斜め前に踏み出します。

4

Check
手を伸ばす動きに合わせて気の流れを意識

右手を前へ

右足に重心を移しながら、右手のひらは内側に向けて前へ伸ばしていきます。

次頁へ続く

二十四式太極拳・動きの流れ

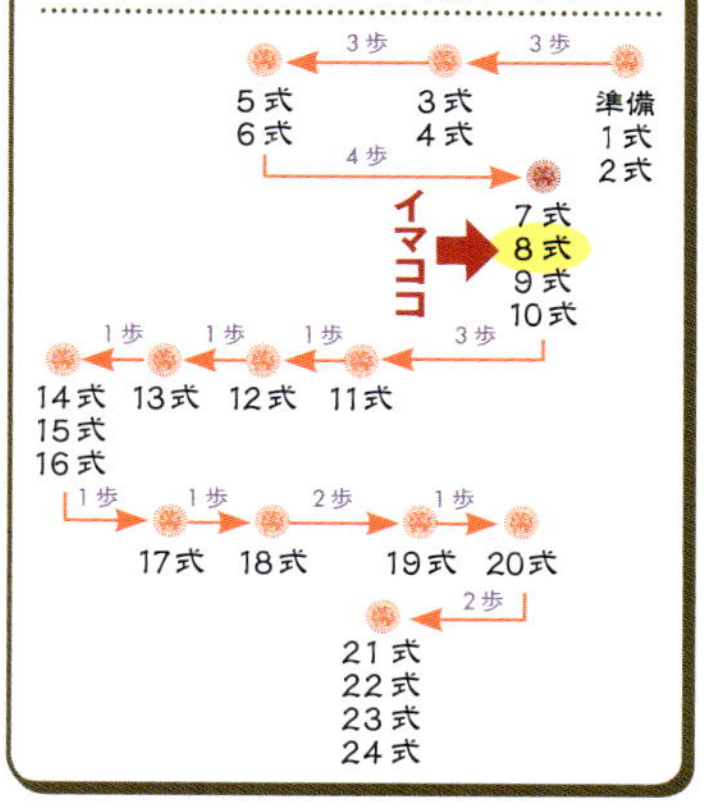

9

両手でボールを抱える

正面でボールを抱えるようにします。

10

左手を上げる

上体を左に回しながら、左足に重心を移します。右つま先を上げ、左手は弧を描くように肩の高さまで上げ、右手は胸の前へ。

11

両手を押し出す

重心を右足に移しながら、右手のひらを内側に向け、左手を合わせ孔雀の尾形にします。

12

両手を交差させる

左手のひらで右手首を軽く押します。

17

さらに押し出す

両手をさらに前へ押し出します。

稽古要諦

上《シアン》下《シア》相《シアン》随《ソイ》

弧《フー》形《シン》螺《ルオ》旋《シュエン》

「上」とは上半身、「下」とは下半身のこと。「相随」とは、お互いに関連し合うことです。一部分、一箇所の動きが悪かったり滞ると、全体の乱れにつながります。特に手足がバラバラにならないよう、手足と上下のバランスをとるようにしましょう。

「弧形螺旋」は螺旋《らせん》状に回転するという意味です。動くときは弧を描くように、螺旋状に切れ目なく、綿々と続けるということです。太極拳の円運動は、人間の楕円のような形の体に最もふさわしい運動といえます。極を作らず体をまろやかに動かします。

09 単《ダン》鞭《ビエン》 dan bian へ続く

08 右《ヨウ》攬《ラン》雀尾《チュエウェイ》 you lan que wei

前頁からの続き

正面から見る

5

右手を伸ばす

さらに右手を伸ばし、左手のひらは下に向けて腰の脇に下ろします。

6

Check
目線は手の動きを追って

重心を左足に移していく

右手のひらを下向きにし、左手は胸の前へ上げていきます。

7

両手を引く

重心を徐々に左足に移し、両手のひらは下向きのまま、胸の前あたりに引きます。

8

両手を回す

重心を右足に移しながら、両手を右から前方、お腹の前へと回します。

13

両手をほどいて伸ばす

⑫で交差した両手をほどき、両手のひらを下に向けます。

14

Check
手を下ろしても目線は正面のままをキープ

両手を引き寄せる

ゆっくり息を吸いながら、左足に徐々に重心を移します。

15

Check
ひじは伸ばしきらず、ふんわりと腕を下げて

両手を下ろす

両手を押し下げるように、ゆっくりと腰のあたりまで下ろします。

16

Check
手の動きに合わせて気の流れを意識

両手を前へ押し出していく

重心を右足に移しながら、下から上に両手を押し出していきます。

二十四式太極拳 09式

単《ダン》鞭《ビエン》

dan bian

所要時間目安… 約20秒

ひとえ鞭の動き

【image】

腕全体を鞭のようにしならせて、やわらかく動かします。この動きの武術的な背景として、背後の敵を右手でかわし、前の敵を左手で攻めるという場面を想定しています。

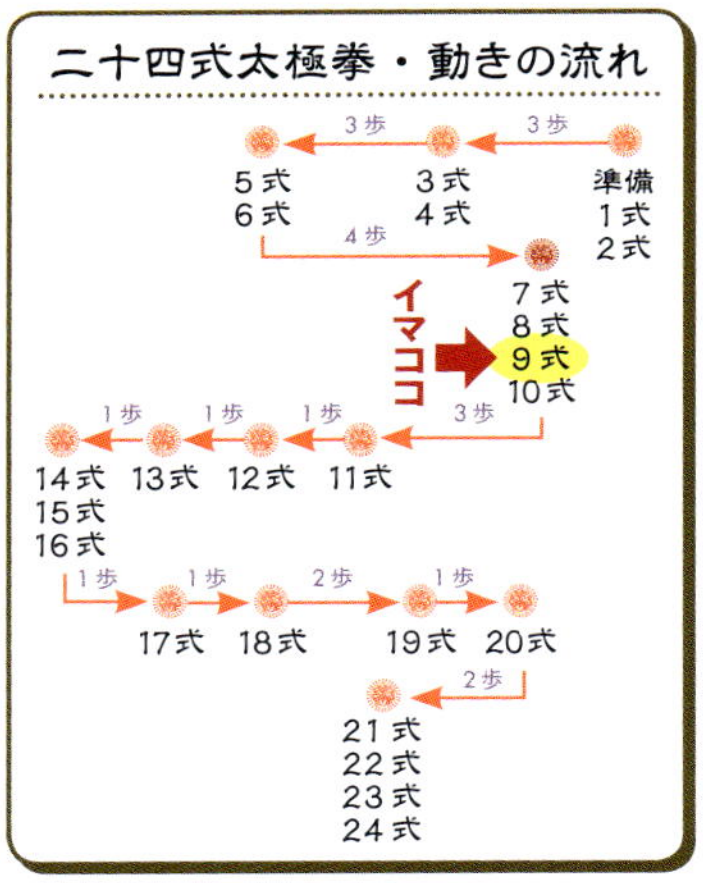

稽古のポイント

上体は背筋を伸ばして、④～⑥で腰をゆるめますが、腰がグラついて前かがみにならないようにします。鉤手にした右の肩に力が入らないようにし、左手はひじを伸ばしきらずにゆるめておくことが大切です。

二十四式太極拳 08の続き

そのまま型を真似できるよう背面から見ています

重心を左に移す

左足のかかとを内側に入れ、左足に重心を移し、右つま先を上げます。

Check

目線は鉤手に置きます

左足を寄せる

左足を引き寄せます。左手は右胸の前に寄せます。

上体を左に回す

上体をゆっくり左に回していきます。

Check
左手は手のひらを内側に向ける
3
2

体を左に回す

右つま先を内側に向けて下ろし、体をさらに左に回します。

右手を上げて鉤手に

右足に重心を移しながら、右手は右肩前で鉤手にします。

7
6
Check
目線は左手の動きを追って

左足を踏み出す

左足のかかとから左斜め前へ踏み出し、左手を顔の前で返します。

左手を前へ押し出す

重心を左足に移していきます。右足のかかとを外側に押し出し、左手を押し出していきます。

10 雲手《ユンショウ》 yun shou へ続く

二十四式太極拳 10式

雲《ユン》手《ショウ》

yun shou

所要時間目安… 約35秒

雲のように手を動かす

【image】

大空を流れる雲のように、手足をふわりと動かします。上半身と手足の動きがなめらかに連動するようにしましょう。

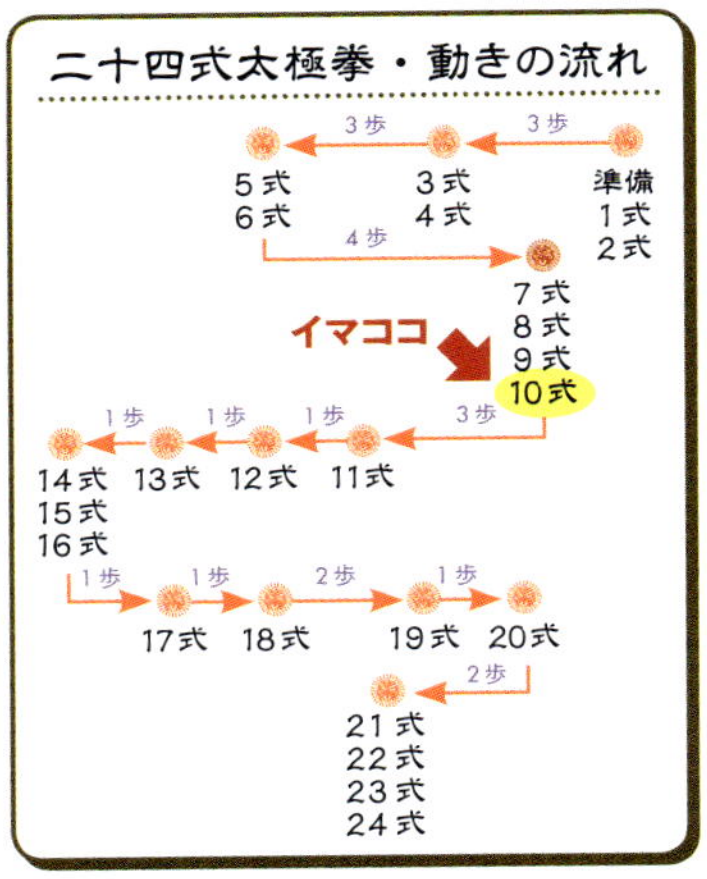

重心を右足に移す

上体を右に回しながら重心を右足に移し、左つま先を上げ、弧を描くように左手を体に寄せていきます。

二十四式太極拳 09 の続き

そのまま型を真似できるよう背面から見ています

Check
右手は上から右回り、左手は下から左回りに

左右の手を大きく回し始める

重心を右足に移します。上体を右に回しながら、左右の手で弧を描き始めます。

上体を右に回す

上体を右に回します。

稽古のポイント

体を左右に回転させるときは、腰を軸にして回し、姿勢は一定の高さを保つようにします。下半身はひざをゆるめて体重移動をバランスよく、ゆったりと柔らかく行います。ゆったりとした手足や上半身の動きと呼吸を連動させ、なめらかな動きになるよう心がけましょう。視線は手の動きを追っていきます。左右同じ動作の繰り返しですが、上になった手の動きに意識を集中すると気が流れやすくなります。

10 雲《ユン》手《ショウ》 yun shou

鈎手をほどく

右手の鈎手をほどきます。さらに上体を右に回し、左つま先を内側に向けます。

Check 手の動きはDVDをじっくり見て真似してみましょう

円を描く

重心を左足へ移します。外側から腰下、顔の前へと円を描くように両手を動かしていきます。

Check 左手は弧を描くよう、右手はすくいあげるように

上体を左に回す

上体を左に回しながら、右かかとを上げます。

右足を寄せる

右足を左足に引き寄せます。右手は上がり始め、左手はゆるやかに下ろしていきます。

Check 足を上げるときはバランスをくずさないように

左足を上げる

左足を上げて右手は下ろし、左手は顔の前へ上げていきます。

Check 呼吸も動きもゆったりと雲の動きのイメージで

左足を踏み出す

左つま先から左横へ踏み出します。

Check 左手は上から左回り、右手は下から右回りに

重心を中央に戻す

徐々に重心を左足に移しながら、横に移動します。左右の手で弧を描き始めます。

Check 目線は手の動きを追って

重心を左足に移す

重心を左足に移し、左手を外側へ回します。両手は弧を描いています。

次頁へ続く

前頁からの続き

12

右足を引き寄せる

右足を左足に引き寄せます。

13

上体を右へ回していく

上体を右へ回しながら重心を右足に移し、左足のかかとを上げます。右手は円を描くように顔の前を通って右へ動かしていきます。

14

上体をさらに右へ回す

上体をさらに右へ回します。両手は弧を描きながら胸の高さに置きます。

15

左足を上げる

左足を上げます。

稽古要諦

主《ジュウ》宰《ザイ》於《ユイ》腰《ヤオ》

中《ジョン》正《ジェン》円《ユエン》転《ジュアン》

「主宰於腰」は、腰が体の要となり、動きの原点となる重要なもの。腰（ウエスト）は力を抜いて、ゆったりとした状態で、腰を中心にして上半身や足を動かすように、ということを表しています。

「中正円転」は、上虚下実にして、股関節を柔らかくゆったりとさせること。腰を体の中央に正しく据えて、円のようにまろやかに動くように、ということです。

楊名時師家の教え

大宇宙の中の小宇宙

太極拳の「太極」とは、宇宙の源となるもので、「拳」は技。つまり太極拳は、大宇宙と小宇宙（宇宙の一部としての人間）とが一体となり、調和をとる技、術といえるでしょう。そんな意識で、手は雲のようにふんわりと柔らかく美しい流れをつくり、重心の移動も、大宇宙の雲の上で、小宇宙である我々人間がふんわりと動いているような気持で、おおらかにしてみましょう。

16

左足を踏み出す

左つま先から左横へ踏み出します。

17

重心を中央に戻す

徐々に重心を左足に移しながら、横に移動します。

18

重心を左足に移す

重心を左足に移し、左手を外側へ回します。両手は弧を描いています。

19

右足を寄せ、右手を上げる

右足を左足に寄せ、右足に体重を乗せます。右手は顔の前を通ったところで止め、左手のひらは下向きにします。

11 単《ダン》鞭《ビエン》 dan bian へ続く

二十四式太極拳 11式

単《ダン》鞭《ビエン》

dan bian

所要時間目安… 約20秒

ひとえ鞭の動き

【image】

9式で行った「単鞭」をもう一度繰り返します。むちの弾力のあるしなやかな動きをイメージしましょう。

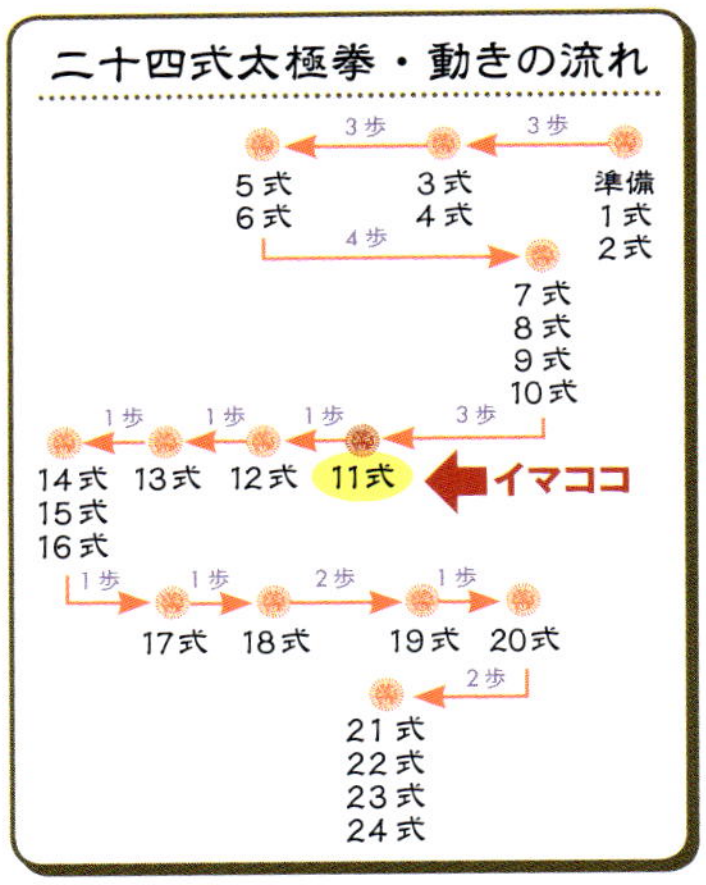

稽古のポイント

上体は背筋を伸ばして腰をゆるめますが、腰がグラついて前かがみにならないようにします。鉤手にした右の肩に力が入らないようにし、左手はひじを伸ばしきらずにゆるめておくことが大切です。

上体を左から右へ回していく

左足つま先立ちのまま、上体を左に回しながら、右手を下ろします。

二十四式太極拳 10 の続き

そのまま型を真似できるよう背面から見ています

上体を左に回す

上体をゆっくり左に回していきます。

Check
目線は左手の動きを追って

左足を踏み出す

左足のかかとから左斜め前へ踏み出し、左手を顔の前で返します。

Check
目線は鉤手を見ます
2

右手を上げて鉤手に

右足に重心を移しながら、右手を肩の高さまで上げて鉤手にします。左手は右胸の前に寄せます。

Check
前へ押し出す動きに合わせて気の流れを意識
5

左手を前へ押し出す

重心を左足に移していきます。右足のかかとを外側に押し出し、左手を押し出していきます。

楊名時師家の教え

極意

太極拳のまろやかで繊細な動きには、神秘的な美や幽玄、時を超えた悠久の流れさえ感じます。静けさの中で稽古をしていくと、感覚が研ぎ澄まされてきて〝心の動き〟がわかってくるものです。稽古を続けることで、心に余裕が出てきて、それが全体の雰囲気となって、えもいわれぬ美しさを醸し出すようになるのです。

Yang Ming-Shi

12 高《ガオ》探《タン》馬《マー》 gao tan ma へ続く

二十四式太極拳 12式

高《ガオ》探《タン》馬《マー》

gao tan ma

所要時間目安… 約30秒

高い所から相手の様子を探る動き

【image】

「探馬」とは偵察兵のことを意味します。高いところから偵察兵が敵の陣地の様子を探っている動きです。足を上げ、高いところから敵を探るように遠くを見ます。

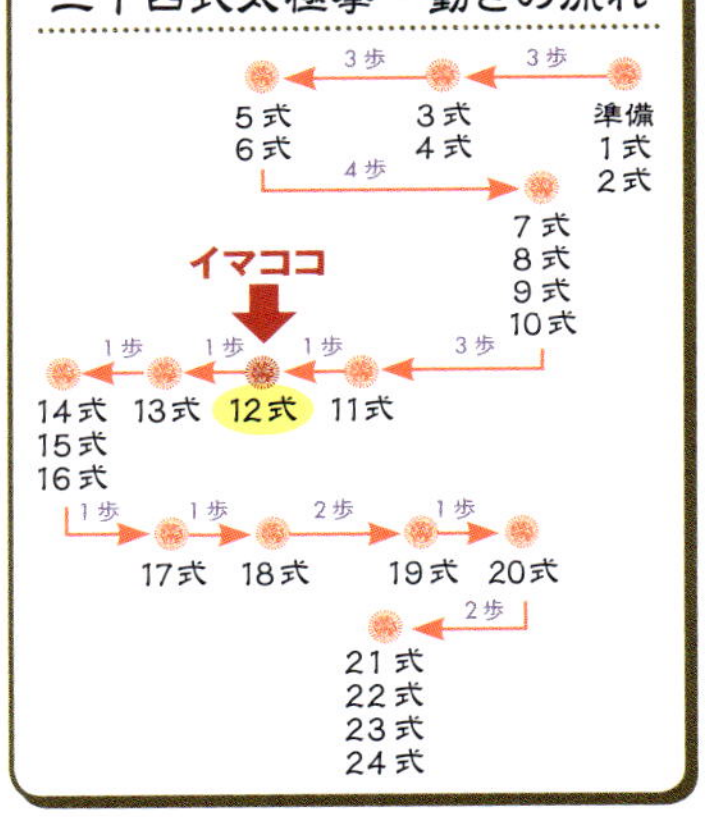

右足を半歩寄せる

右足を半歩寄せながら、右手の鉤手をほどきます。

二十四式太極拳 11 の続き

そのまま型を真似できるよう背面から見ています

左手を引く

右手を押し出し、左手のひらは上に向けたまま腰のあたりに寄せます。

両手を交差させる

左手のひらを上に向けたまま、ゆっくり前に突き出し、右手首の上に交差させます。

稽古のポイント

上体は自然にし、両手を動かすときは、肩の力を抜いて、できるだけ柔らかく動かすようにしましょう。片足立ちになったときは背筋を伸ばし、上体が前に倒れないように。目線は敵の様子を探るように遠くを見る意識で。

12 高探馬《ガオ タン マー》 gao tan ma

2

両手を肩の高さに上げる

右足に体重を移し、両手を肩の高さまで上げていきます。

3

Check
手のひらを上にしてゆったりと開く

両手を左右に開く

上体を右に回しながら、胸の前で両手を返し、左右に開きます。

4

上体を左に回す

上体を左に回しながら、右手のひらを下に向け、右耳の後ろに置きます。

5

右手を押し出していく

右手は前に、同時に左手は引き始めます。

8

Check
写真１より８まで、肩の力を抜き、両手を柔らかく動かしていきます

左手のひらを下向きにする

⑦の状態のまま、左手のひらを下向きにします。

9

Check
片足立ちしている右足は伸ばしきらないように

両手を離し、左足を上げる

両手の交差をほどき、左右に少し開きながら、左足を上げます。

稽古要諦

尾閭中正《ウェイ リュ ジョン ジェン》

源動腰脊《ユエン ドン ヤオ ジー》

「尾閭」とは、尾てい骨のこと。尾てい骨の位置を正しくするということです。尾てい骨を正すと背骨もまっすぐになります。脊椎から尾てい骨に至る線を正しておけば、左右のバランスもとれ自然な形となります。

「源動腰脊」は、動きの根源が腰と背骨にあるという意味です。背骨は神経が流れ、脳から全身に中枢神経を通わせており、腰は手足を連結する要です。両方ともに心を配りましょう。

13 右《ヨウ》蹬《ドン》脚《ジャオ》 you deng jiao へ続く

二十四式太極拳 13式

右《ヨウ》蹬《ドン》脚《ジャオ》

you deng jiao

所要時間目安… 約15秒

右足を踏み出す動き

【image】

片足で立ち、両手でバランスをとりながら、右足をかかとからゆっくりと蹴りだします。

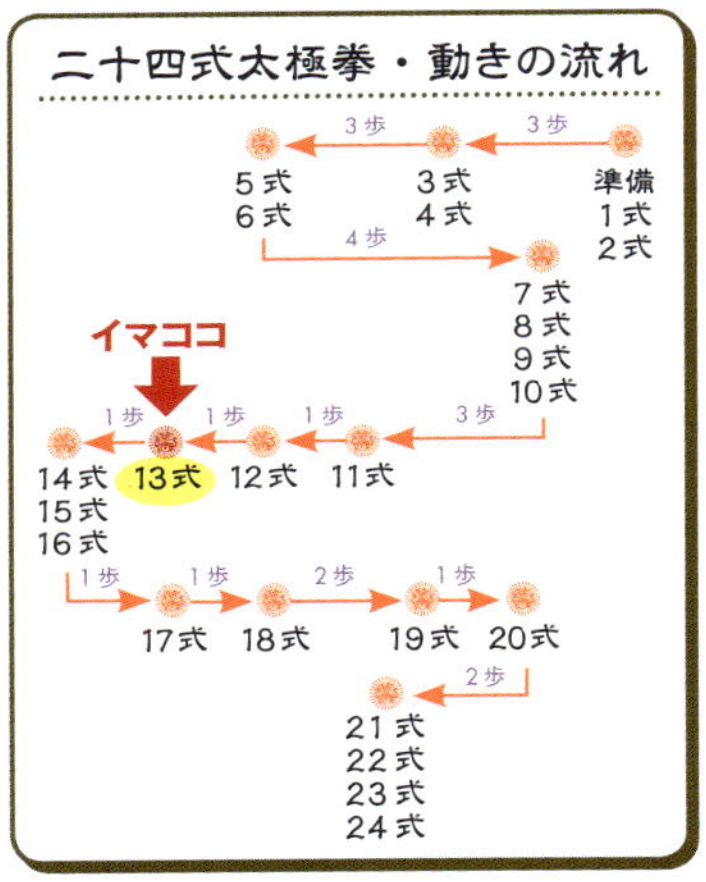

稽古のポイント

左ひざはゆるめたまま片足立ちとなり、両手でバランスをとりながら、右足を水平に蹴り出します。片足立ちするときは前かがみになったり、反り身にならないように。手を開く動作と足を蹴り出す動作を一致させましょう。

二十四式太極拳 12 の続き

そのまま型を真似できるよう背面から見ています

1

左足を下ろす

左足を斜め前に下ろします。

Check
両手のひらは上向きにして、右手を下に

両手を下ろして交差させる

重心を左足に移します。両手は弧を描くようにゆっくりと下ろし、右手を下にお腹の前で交差させます。

Check
右手を外側にして交差させます

右足を上げる

右足を上げて片足立ちになります。このとき、徐々に交差させた手を顔の前まで上げます。

Check
両ひざとも伸ばしきらないように

右足を蹴り出す

ゆっくり息を吐きながら、両手を広げていき、右手は右足と同じ方向に、左手は左斜め後ろに開きます。右足のかかとから前へ蹴り出します。

楊名時師家の教え

よりよく演舞するために知っておくべき動きの基本五ヶ条

太極拳には、そのまろやかでバランスの調和した美しい動きを実現するために、知っておくべき、身につけておくべき、動きの大切なポイントが5つあります。この「基本五ヶ条」は、太極拳稽古要諦や、楊名時師家の教えなどから抽出した、もっとも重要な動きです。これらを知り身につければ、バランスのとれた、美しく心豊かで健康美容効果も高い演舞へと近づくことができるでしょう。

一 平《ピン》目《ムウ》平《ピン》視《シー》

天から頭を引っぱられたような意識で、背筋はまっすぐに伸ばします。そして、頭や首は傾けず、目線も基本的に平らかにし、下を向いたりしないことが大切、ということを表しています。

14 双《シュアン》峰《フォン》貫《グァン》耳《アル》 shuang feng guan er へ続く

二十四式太極拳 14式

双《シュアン》峰《フォン》貫《グアン》耳《アル》

shuang feng guan er

所要時間目安… 約 10 秒

相手の両耳を攻める動き

【image】

「双峰」はふたつの山の峰の意味で、太極拳の武術的背景から両拳をさします。急所のひとつとされる相手の耳を攻めるイメージです。

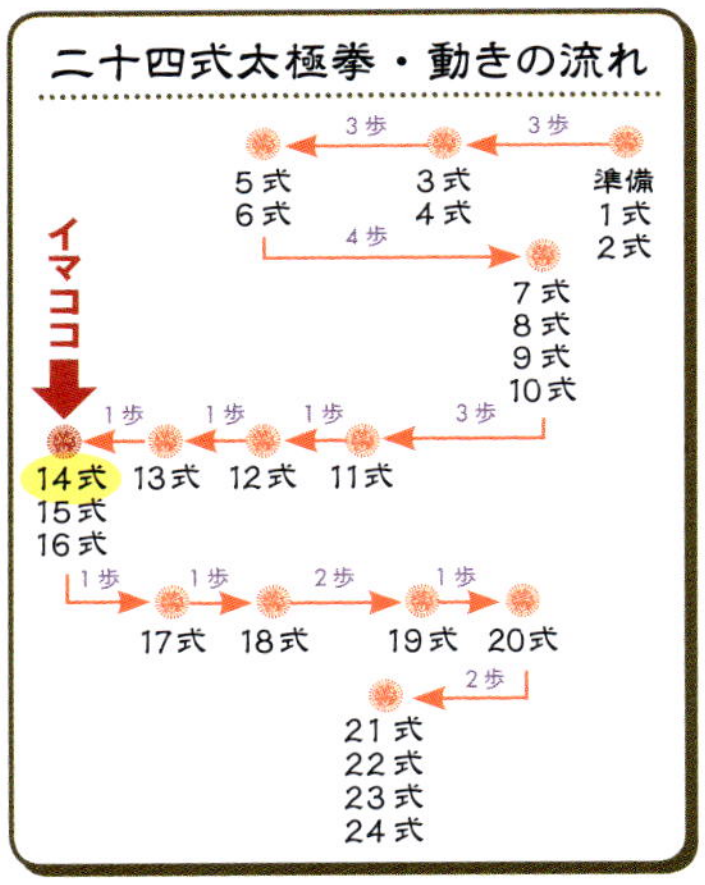

稽古のポイント

頭、首を伸ばし、猫背にならないようにします。両拳は軽く握り、肩を落として両腕は少し曲げて円形にします。片足立ちから両手を下ろしながら踏み出し、両拳で相手の耳を挟むイメージです。ゆったりとした動きの中にも力強さ、充実感を意識しましょう。

二十四式太極拳 13 の続き

そのまま型を真似できるよう背面から見ています

1

右足を戻し、両手を寄せる

蹴りだした右足を折り、両手のひらを上向きにします。

稽古要諦

含《ハン》胸《ション》抜《バ》背《ベイ》

脊《ジ》貫《グアン》四《ス》梢《シアオ》

胸にゆとりをもたせ、伸びもでき、縮まることもできるような状態にしておくこと。「抜背」は背中をのびのびとさせた状態です。「含胸」の状態を保つには、背骨をのびのびとさせることが必要であり、抜背とは表裏一体になります。

「脊貫四梢」の「四梢」は、両手先、両足先のことです。脊髄は両手足の末梢神経までつながり、両手先、足先を動かします。よって、脊髄の神経を手足の先まで通わせることが大切、という意味になります。

正面から見る
2

両手を下ろす

息を吐きながら、両手のひらを上向きに両ひざの脇に下ろしていきます。

3

右足を踏み出す

両手のひらを上向きにして腰のあたりまで下ろし、右足かかとから踏み出します。

Check
ひじは軽く曲げた状態で。拳は親指を外に出して軽く握ります
4

両手で拳を握る

重心を右足に移しながら、徐々に両手で拳を握り、円を描くように前方へ。

Check
両拳の間隔は約15cm。ひじには丸みを
5

両拳を前に出す

握った拳を左右とも円を描くように顔の前まで上げていきます。両拳は手の甲を内側に向け突き出します。

楊名時師家の教え

よりよく演舞するために知っておくべき動きの基本五ヶ条

Yang Ming-Shi

実
虚
虚
実

二 分《フェン》清《チン》虚《シュ》実《シ》

太極拳では、足には虚と実があり、重心のかかっている足が実で、そうでないほうの足を虚とします。動きの中で片足を実、もう一方を虚として、腰を軸にして自在に入れ替えれば、体をひねったり、前進・後退したり、いろいろな動きが無駄な力を必要とせず、スムーズにできるということです。虚実がはっきりしないと、動きがなめらかでなかったり、バランスをくずしやすくなります。虚実を意識して自在に操ることができるように、ということです。

三 三《サン》尖《ジェン》相《シャン》照《ジャオ》

手の先、足の先、鼻の向きの方向をそろえると、調和した美しい形が生まれる、ということです。

15 転《ジュアン》身《シェン》左《ズオ》蹬《ドン》脚《ジャオ》 zhuan shen zuo deng jiao へ続く

二十四式太極拳 15式

転《ジュアン》身《シェン》左《ズオ》蹬《ドン》脚《ジャオ》

zhuan shen zuo deng jiao

所要時間目安… 約 20 秒

転身して左足を踏み出す

【image】

左へ転身（体の向きを変えること）して、両手でバランスをとりながら、左足を蹴り出します。13式「右蹬脚」の足の動きを左右逆にした動きです。

4 拳を開いて下ろす

右足に重心を移し、両手の拳を開いて、弧を描くように下ろします。

Check
左手を外側、右手を内側にして交差させます

5 両手を交差し左足を上げる

ゆっくり息を吸いながら、左手を下にし交差させます。同時に、左足を引き寄せ、ももを上げます。

Check
両ひざとも伸ばしきらないように

6 手を開き、左足を蹴り出す

ゆっくりと息を吐きながら、両手を肩と水平に開いていき、左足かかとから蹴り出して伸ばします。左手は前へ、右手は右斜め後ろに置きます。

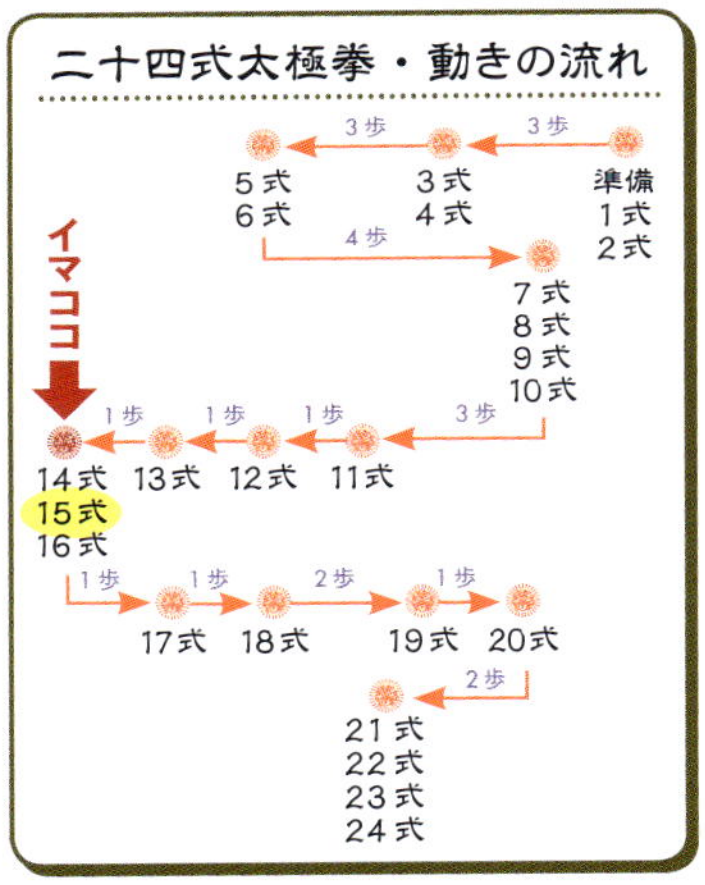

稽古のポイント

この動作は肩や腰に力が入りがちで、ゆっくり行うとバランスをとるのが難しいものです。力を抜いて体をふんわりとさせ、背筋を伸ばして腰や足がグラつかないようにバランスをキープすることを心がけましょう。

15 転身左蹬脚《ジュアンシェン ズオ ドン ジャオ》 zhuan shen zuo deng jiao

ここから

二十四式太極拳 14 の続き

そのまま型を真似できるよう背面から見ています

1

左足かかとを上げる

右足に重心をかけ、左足かかとを上げます。

2

右足に重心を移す

左つま先を軸に上体を左に大きく回し、同時に左足のかかとも内側に回して下ろします。

3

さらに左に体を回す

右足かかとを軸に、右つま先を内側に回し、さらに上体を左に回します。

楊名時師家の教え

よりよく演舞するために知っておくべき動きの基本五ヶ条

四 上下相随《シアン シア シアン ソイ》

上半身と下半身の動きは、相従うようにバランスがとれていることが大切、という意味です。上肢と下肢は連続性をもってゆるやかに、腰を軸にして動かします。特に手足のバランスが大切です。上の写真を参考にしてみましょう。

五 中正円転《ジョン ジェン ユエン ジュアン》

太極拳では、背骨はまっすぐにして、動きは円のようにまろやかに動くように、ということです。手を上下するときは腕だけを上げるのでなく肩から、上体を左右に向けるときは腰を軸にして、上体を回すときは股関節から動かすようにするのが大切、ということを表しています。

16 左《ズオ》下《シャア》勢《シー》独《ドウ》立《リー》 zuo xia shi du li へ続く

二十四式太極拳 16式

左《ズオ》下《シャア》勢《シー》独《ドゥ》立《リー》

zuo xia shi du li

所要時間目安… 約25秒

低い姿勢からの片足立ち・左

【image】

「下勢」は腰を落とした低い姿勢で地を這うヘビを、「独立」は1本足で立つ鶴の優雅さをイメージしている動きです。

Check
慣れるまでは肩幅くらいの開脚でも大丈夫

4

腰を落とす

腰を落としながら、左足を斜め横に大きく踏み出します。

5

上体を左へ回していく

上体を左へ回しながら、右手の鉤手をほどきながら体の前へ、左手は下に。

二十四式太極拳・動きの流れ

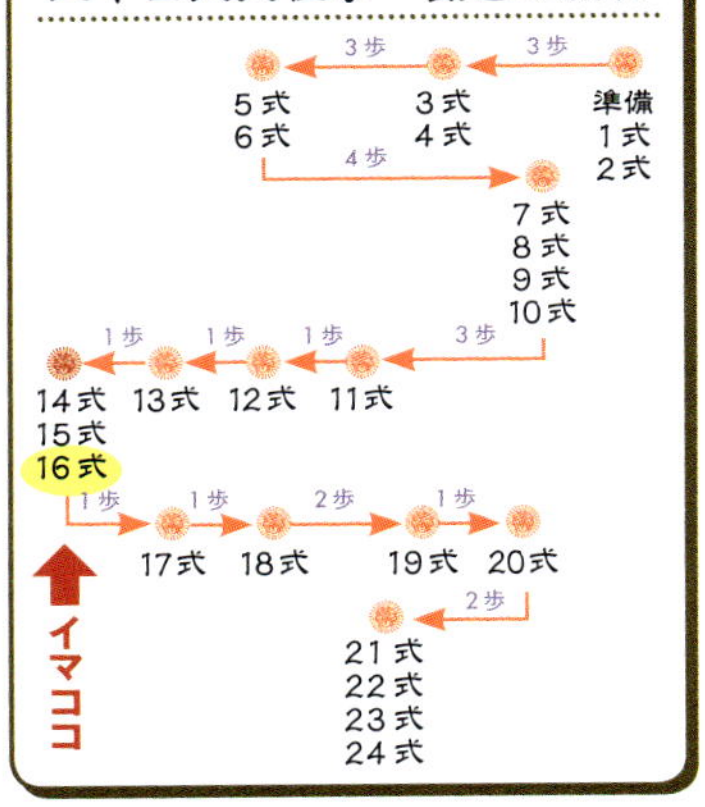

稽古要諦

虚《シュ》領《リン》頂《ディン》勁《ジン》

三《サン》尖《ジエン》六《リウ》合《ホ》

「頂」は頭のいただき。意訳すると、頭を冷静にすること、無念無想のこと。雑念を払って精神を集中させます。

「三尖六合」の「三尖」とは手の先、足の先、鼻の先のこと。これらの方向をそろえて型の統合をはかることを「三尖相照」といいます。「六合」とは内面の三合と外面の三合。内面の三合は、精・気・神。気功法の言葉です。外面の三合は、手と足、ひじとひざ、太ももと上腕。これらのバランスを腰を中心にして整えます。三尖六合に注意を払うのは、見た目を美しいものにするだけでなく、武術的に相手にスキを与えないためでもあります。

稽古のポイント

腰を落とす動きでは、ここまで落とさないといけない、ということはありません。無理なく体の柔らかさや体調に合わせましょう。片足立ちの足は少し曲げ、上体は背筋を伸ばして手と足のバランスを意識します。

16 左《ズオ》下《シャア》勢《シー》独《ドゥ》立《リー》 zuo xia shi du li

ここから

二十四式太極拳 15 の続き

そのまま型を真似できるよう背面から見ています

1 左足を戻す

蹴り出して伸びた左足を戻します。

2 左足を下ろす

左足をつま先から下ろしながら、右手を右肩前で鉤手にします。

Check 目線は鉤手へ

3 左手を寄せる

上体を右に回し、左手を右肩前に寄せます。

6 重心を左足へ移す

上体を起こしながら重心を左足に移し始め、左手は前へ、右手は後ろへ。

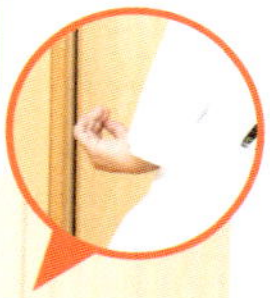

Check 右手は鉤手にして指先を上に向けます

7 右手を鉤手にする

右手を鉤手にして、上体を起こしながら、右足のつま先を内側に入れます。

8 左足に重心を移し右足を寄せる

左つま先を上げて、少し外側に開きます。左足に重心を移し、右足を引き寄せます。右手は鉤手をほどいて前へ。

Check 目鼻と指先のラインが揃うときれいです

9 右足を上げる

左手のひらを下に向けて腰の脇に置き、右手、右足を上げます。

17 右《ヨウ》下《シャア》勢《シー》独《ドゥ》立《リー》 you xia shi du li へ続く

二十四式太極拳 17式

右《ヨウ》下《シャア》勢《シー》独《ドウ》立《リー》

you xia shi du li

低い姿勢からの片足立ち・右

所要時間目安… 約25秒

【image】

16式「左下勢独立」を左右逆にした動きです。低い姿勢でヘビのように、柔らかな動きで重心の移動を行います。

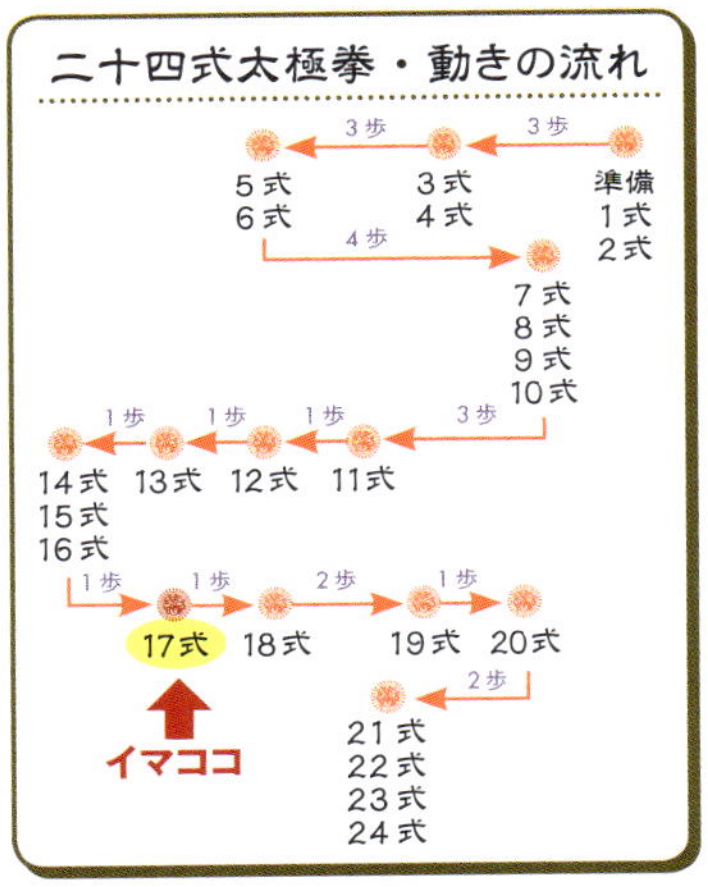

稽古のポイント

16でお伝えしたポイントとともに、左の16式、右の17式が同じようにスムーズに流れるように柔らかな動きを心がけましょう。

4

Check
右足は、左足のラインよりも後ろに置いて

腰を落とす

右足を斜め横に大きく踏み出しながら、腰を落とします。

5

上体を右へ回す

右つま先を右に向け、重心を右足に移します。右手は前に。

17 右《ヨウ》下《シャア》勢《シー》独《ドゥ》立《リー》 you xia shi du li

ここから

二十四式太極拳 16 の続き

そのまま型を真似できるよう背面から見ています

正面から見る

1 右足を下ろす

右足をつま先から下ろします。

2 上体を左へ回す

重心を右足に移しながら上体を左へ回します。

Check 目線は鉤手に

3 左手を鉤手にする

左手を鉤手にして、右手を体に寄せます。

Check 上体を起こしたとき腰が折れてお尻が出ないように

6 左手を鉤手にする

左手を鉤手にして、上体を起こしながら、左足のつま先を内側に入れます。

7 右つま先を上げる

重心を移動して、右つま先を上げます。

8 右足に重心を移し左足を寄せる

右つま先を少し外側に開きます。右足に左足を引き寄せます。左手は鉤手をほどいて前へ。

9 左足を上げる

左足を上げ、右手のひらを下に向けて腰の脇に、左手は前方、鼻の高さに置きます。

18 左《ズオ》右《ヨウ》穿《チュアン》梭《スオ》 zuo you chuan suo へ続く

二十四式太極拳 18式

左《ズオ》右《ヨウ》穿《チュアン》梭《スオ》

zuo you chuan suo

所要時間目安… 約30秒

【image】

はた織りの動き

「穿」は穴に針を通すという意味です。はた織りの糸をすくい上げるような動きに似ていることからついた名前です。はた織りをイメージして動いてみましょう。

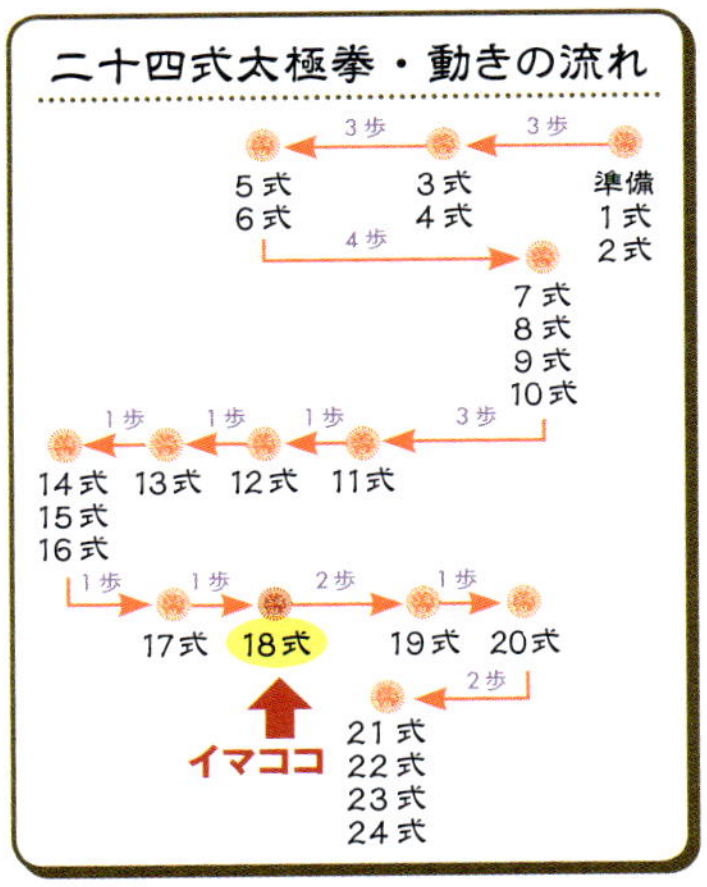

稽古のポイント

ボールを抱えた形から片足を踏み出し、踏み出した側の手ですくい上げるような動作を、左右を一回ずつします。体を前かがみにしないよう注意しましょう。手を上げるときはひじを張りすぎないようにします。手を前方に押し出すときは、腰と足の動きに合わせ、ひじはゆるめます。

4

右足を踏み出す

上体を右に回しながら、右足を右斜め前にかかとから踏み出します。

5

Check 手のひじは軽くゆるめて

重心を右足に移し右手を上げる

重心を右足に移しながら、右手は下から弧を描くように額の前へ。

稽古要諦

呼《フー》吸《シー》自《ズー》然《ラン》

呼吸は無理をせず、いちばん楽な状態で。鼻で吸い、鼻から吐き、細く、柔らかく、深く、長く、という原則をふまえます。意識的に腹式呼吸で行い、稽古を積んで精神統一できるようになると、無意識のうちにも呼吸が楽にでき、外面の動きと一致してきます。

速《スウ》度《ドウ》均《ジュン》匀《ユン》

「速度均匀」は、動きの速度が平均していて、急に速くなったり遅くなったりしないように、ということです。深く長い呼吸をしながら、切れ目なく同じ速さで動きます。こうすることにより、すべての細胞を平均的に活動させ、内臓を整えるのです。

18 左《ズオ》右《ヨウ》穿《チュアン》梭《スオ》 zuo you chuan suo

ここから

二十四式太極拳 17 の続き

そのまま型を真似できるよう背面から見ています

1

左足を下ろす

左足を左斜め前に、かかとから下ろします。

2

重心を左足に移す

左手のひらを下に向けながら、重心を左足に移していきます。

Check 息をゆっくり吸いながら…

3

正面から見る

両手でボールを抱える

右足を寄せ、胸の前でボールを抱える形に。左手のひらを下向きに、右手のひらは上向きに。

Check 押し出すときに気の流れを意識して

6

左手を押し出す

ゆっくり息を吐きながら左手のひらを押し出し、目線は左手に。

7

左足を寄せていく

右手を少し下ろしながら、左足を右足に寄せていきます。

8

再びボールを抱える

息をゆっくり吸いながら、左足のかかとを上げて右足に引き寄せ、両手はボールを抱えた形をつくります。

9

上体をやや右に回す

ボールを抱えた形のまま、上体をやや右に回し、右足にしっかり体重を乗せます。

10

左足を踏み出す

ゆっくり息を吐きながら、左足をかかとから左斜め前に踏み出します。

11

重心を左足に移す

上体を左に回しながら重心を左足に移し、左手は弧を描くように額の前へ。

Check 目線は右手へ

12

右手を押し出す

重心をさらに左足に移しながら、右手を押し出します。

19 海《ハイ》底《ディ》針《ジェン》 hai di zhen へ続く

海《ハイ》底《ディ》針《ジェン》

hai di zhen

所要時間目安… 約 20 秒

【image】

海底の針を拾う動き

頭上に上げた右手を指先から下ろし、前かがみになり海底に沈む針を両手で拾うイメージの動きです。武術的な背景からすると針は武器、武器を拾って敵に挑む準備をします。

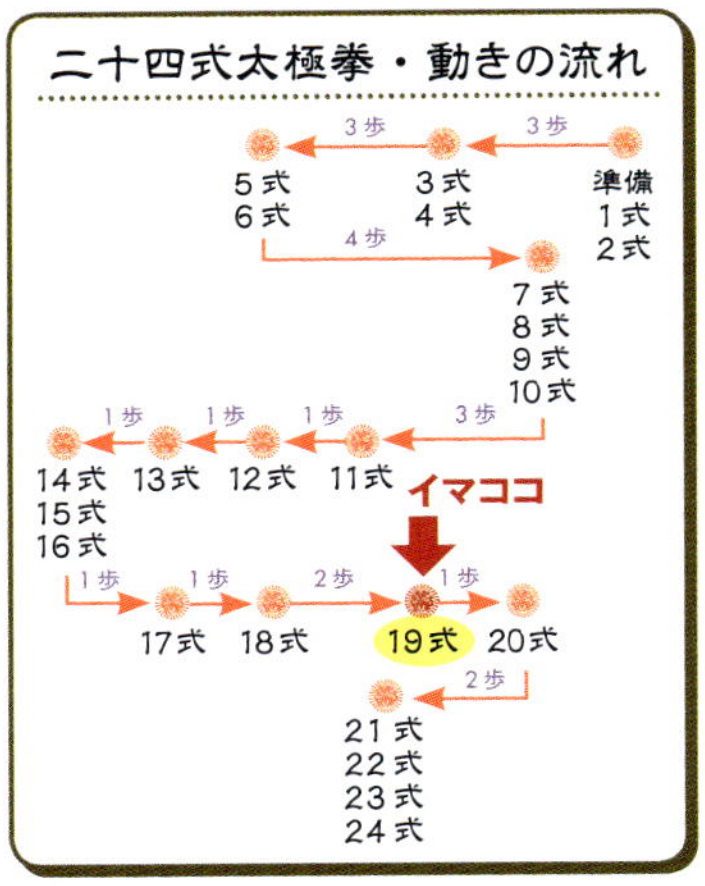

Check
背筋をまっすぐにしてグラつかないように

右足で片足立ち

ゆっくり息を吸いながら、左ももを上げ、右足で片足立ちになります。左手は手のひらを下向きにしてももの横に置きます。

稽古のポイント

海底の針を拾う動きをするときには、かがみすぎないこと。上体がまるくなったり、頭が下がってしまったり、お尻が突き出てしまわないように注意しましょう。それには深く曲げた右足だけでなく、左足のひざもゆるめるのがコツです。

楊名時師家の教え

流水不争先

初心者は焦らず、とうとうと流れる水のように、ゆっくりと自分の体調に合わせて稽古することが大切です。太極拳は、単純な型から複雑な型まで組み合わさって構成されているので、まずは単純なものを確実にマスターし、次に全体の流れに注意するのがよいでしょう。太極拳は、一生かかっても、その道を極めることは難しいもの。決して先を急がず、何度も反復練習をすることが大切です。

19 海《ハイ》底《ディ》針《ジェン》 hai di zhen

ここから

二十四式太極拳 18 の続き

そのまま型を真似できるよう背面から見ています

1

右足を寄せる

右足を半歩寄せながら、上体を少し右へ向けます。

2

重心を右足に移す

重心を右足に移し、左足のかかとを上げ、両手を腰のあたりまで下ろしていきます。

3

右手を上げる

②の状態のまま、右手をゆっくりと頭上へと上げていきます。

5

右手を下ろす

右手の指先を下に向け、ゆっくり下ろし始めます。

Check かがんだとき背中が丸まらないように注意

6

前にかがむ

ゆっくり息を吐きながら、左足を下ろしてつま先をつき、右ひざをゆるめて腰を落としていきます。

Check 目線は両手へ

7

両手を低く下ろす

右ひざを深く曲げて、両手のひらを内側に向け、ゆっくりと海底の針を拾うような気持で動きます。

20 閃《シャン》通《トン》臂《ベイ》 shan tong bei へ続く

二十四式太極拳

20式

閃《シャン》通《トン》臂《ベイ》

shan tong bei

所要時間目安… 約10秒

【image】

肩から受け流す動き

「閃」は相手の攻撃を受け流す、という意味、「通臂」は上体を右に回して両肩を一直線上にして、という意味になります。中国拳法特有の攻撃をかわす受け技です。

二十四式太極拳・動きの流れ

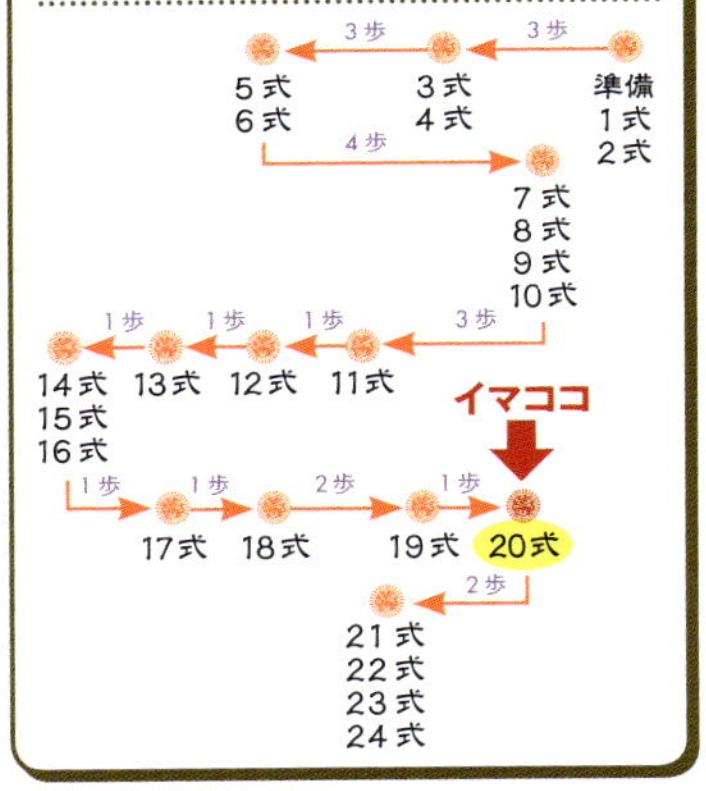

2 左足を踏み出す

そのまま左足のかかとから左斜め前に踏み出します。両手のひらは内側に向けています。

3 重心を左足に移す

ゆっくり息を吐きながら、両手のひらを両腕の動きに合わせて、外側へ返しながら開いていきます。

稽古のポイント

上体は自然にし、腰、ももをゆるめます。右手を上げたとき、両肩が一直線になるように、左手の高さは鼻と同じくらいにして、ひじはゆるめて軽く曲げた状態にします。

稽古要諦

分《フェン》清《チン》虚《シュ》実《シ》

胯《クワ》与《ユィ》膝《シー》平《ピン》

太極拳の妙は虚実にあります。重心のかかっている実の足、そうでない虚の足をはっきりさせることで、無駄な力を省き、転身、移動をスムーズにします。虚実は固定したものでなく、常に自由に変化します。

「胯与膝平」とは、後ろ足の太ももと前足のひざの高さを同じくらいにするという意味。つまり、腰を十分に落とすという実践上の注意ですが、両股関節を結んだ線と、両ひざを結んだ線が平行になるよう、体が傾かないように注意するということでもあります。

20 閃《シャン》通《トン》臂《ベイ》 shan tong bei

ここから

二十四式太極拳 19 の続き

そのまま型を真似できるよう背面から見ています

正面から見る

1

右足で片足立ちする

ゆっくり息を吸いながら上体を起こし、左足を上げ、両手も手のひら上向きにして上げていきます。

4

Check

体重は右足に40%、左足に60%かけて

左手を押し出す

上体を右へ回しながら、右手のひらは外向きに頭上へ、左手は前へ押し出します。

21 転《ジュアン》身《シェン》搬《バン》攔《ラン》捶《チュイ》 zhuan shen ban lan chui へ続く

二十四式太極拳 21式

転《ジュアン》身《シェン》搬《バン》攔《ラン》捶《チュイ》

zhuan shen ban lan chui

所要時間目安… 約25秒

転身して右拳で打つ動き

【image】

背後から迫ってきた相手をさえぎり、拳で攻撃する動きで、太極拳が柔拳である象徴的な動きです。重心移動を繰り返しながら右拳を振り下ろし、前方に突き出します。

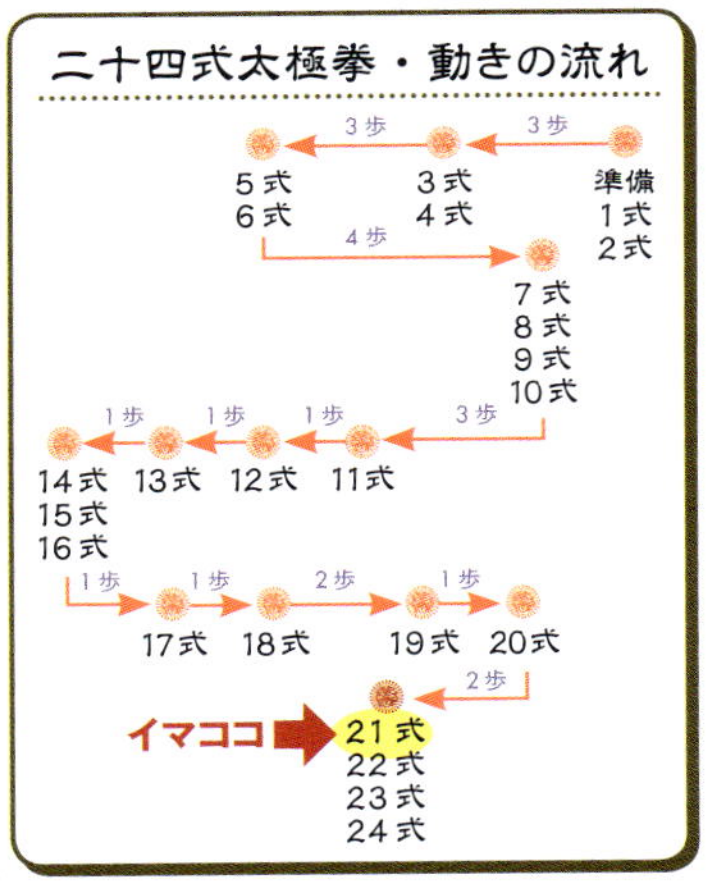

稽古のポイント

肩は力を抜いて自然に落とし、右拳は気の流れがよくなるように軽くにぎりましょう。拳や腕に力が入りすぎると、呼吸がつまってしまいます。拳を突き出すときは、重心をしっかりと前足にかけ、グラグラしたり、拳や腕に力が入りすぎたり、手と上体の動きがバラバラにならないように気をつけましょう。

二十四式太極拳 20 の続き

そのまま型を真似できるよう背面から見ています

重心を右足に移す

重心を右足に移し、上体を右に回します。左つま先を内側に入れます。

Check
ひじは張らずに軽く曲げて

右拳を押し出す

④から右拳を弧を描くように振り下ろし、さらに右足に体重を乗せます。

左足を寄せる

左足を右足に引き寄せます。左手は右拳のそばに置きます。

21 転身《ジュアンシェン》搬《バン》攔《ラン》捶《チュイ》 zhuan shen ban lan chui

2

重心を左足に移す

左足に重心を移します。右手は弧を描くように下ろしていき、左手は胸の前に寄せます。

3

Check
右手はお腹のあたりで拳にします

右手で拳をつくりながら右足を寄せる

右手で拳をつくりながら、弧を描くようにお腹の前に引き寄せ、右足を引き寄せます。

4

Check
右拳は左手の内側で弧を描くように上げて

右足を踏み出す

右足を右斜め前にかかとから踏み出します。右手は左手の内側を通って胸の高さに上げ、左手は下向きに下ろします。

5

重心を右足に移す

上体を右に回し、重心を右足に移し、右拳を胸の前で構えます。左手は腰の横へ。

8

左足を踏み出す

左足かかとから左斜め前へ踏み出します。

9

Check
目線は拳に

左手を押し出す

左手のひらを押し出します。同時に上体を右に回しながら軽く右拳を見ます。拳を脇腹に引き寄せます。

10

右拳を前へ

上体を左に回しながら、重心を左足に移し、右拳を立てて前に突き出します。

11

Check
拳を突き出すとき、気の流れを意識して

右拳を突き出す

左足にさらに体重を乗せて、右拳を肩の高さで前に突き出し、左手のひらを右ひじの内側に添えます。

22 如《ルー》封《フォン》似《シー》閉《ビー》 ru feng shi bi へ続く

二十四式太極拳 22式

如《ルー》封《フォン》似《シー》閉《ビー》

ru feng shi bi

所要時間目安… 約15秒

相手の動きを封じる動き

【image】

「封」、「閉」は文字通り封じる、閉めるという意味。左手で右ひじを払い、両手を前へ押し出す動きは、相手の動きを封じる姿勢のイメージです。

二十四式太極拳 21の続き

そのまま型を真似できるよう背面から見ています

1

Check 目線は左手に

左手を右ひじに添える

左手のひらを右ひじの外側へと移動させます。

6

両手を上げる

重心を左に移しながら、両手のひらを前に向けて胸の前へ。

7

Check 押し出すときは気の流れを意識して

両手を押し出す

両手は下から弧を描きながら上げ、前へ押し出します。

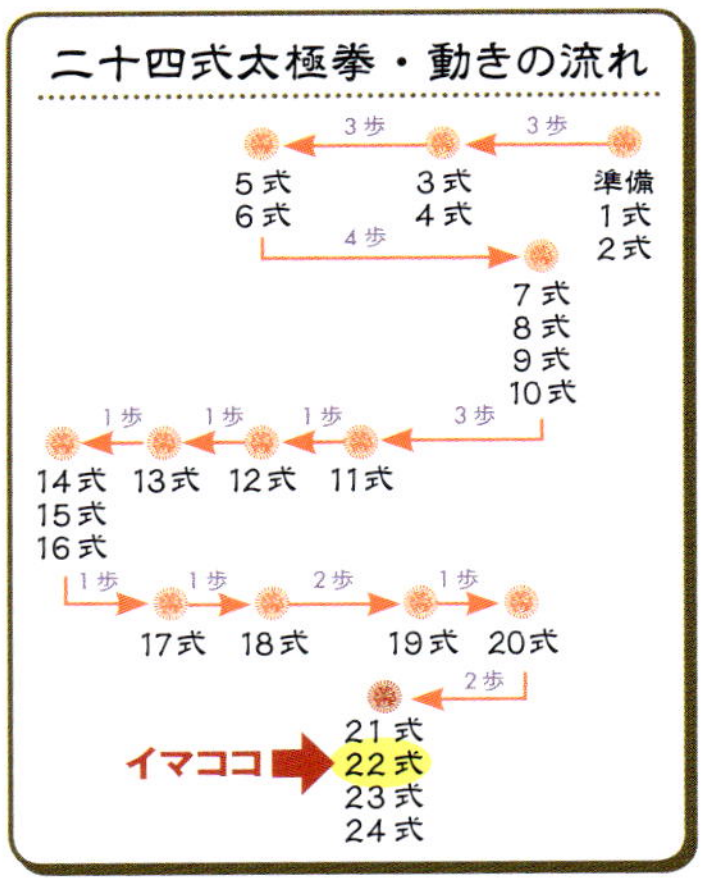

稽古のポイント

上半身を後方に引くときは、あまり反りすぎたり、前かがみになったり、腰が引けてしまったり、お尻が突き出たりしないよう気をつけましょう。手を前に出すときは、息を吐き、上半身を引くときは吸い、両手を押し出すときは吐く、というように、手の動きと呼吸を合わせながら、ゆったりと動きましょう。

22 如封似閉《ルー フォン シー ビー》 ru feng shi bi

2

右ひじを払う

ゆっくり息を吐きながら、左手のひらを上に向け、右ひじ下から手先に向けて払います。

3

両手を前に出す

両手のひらを上向きにして、胸の前で少し左右に開きます。

4

重心を右足に移す

右足に重心を移し、左つま先を上げます。両手はゆっくりと胸の前に引き寄せます。

5

両手を下ろす

腰を少し落としながら両手のひらを下に向け、ゆっくり下ろします。

稽古要諦

動中求静《ドン ジョン チュウ ジン》

眼随手転《イエン ソイ ショウ ジュアン》

太極拳は動きの中に静を求めることから『動く禅』といわれます。無我の境地で雑念を払い、動くのにいちばん楽な状態を禅で作ってから始めます。動の中に静が、静の中には動が含まれています。よって、動くときには静かな気持を持ち、静止のときには、すでに動く兆しを持つということで、静と動は表裏一体となります。

「眼随手転」は、目は手の動きに従うという意味ですが、実際ではやや目が早く動き、目の動く方向に体、手を運びます。眼法は太極拳に欠かせないものです。手も繊細な動きが要求されます。目は手の動きを生かし、手は目を生かす、というように、お互いに調和させます。

楊名時師家の教え

稽古のヒント

中国で太極拳といえば、早朝に公園で大勢の人が集まって行うのが一般的です。日本でも道場に通うことはもちろんですが、日常の生活に太極拳を取り入れると、毎日続けられて効果も期待できるのではないでしょうか。たとえば、朝の起きがけに布団の上で八段錦や、通勤の電車の中で、つり革を持ってかかと立ちしたり、職場で休み時間に座ったまま第一段錦をしたり、など、いろいろな形で稽古のヒントを見つけてみましょう。

23 十字手《シー ズー ショウ》 shi zi shou へ続く

二十四式太極拳 23式

十《シー》字《ズー》手《ショウ》

shi zi shou

所要時間目安… 約 15 秒

両手を十字に組む動き

【image】

両手を頭上で十字に組み、相手の攻撃を防ぐイメージです。準備で行った十字手と逆に、交差させた両手は上げていきます。

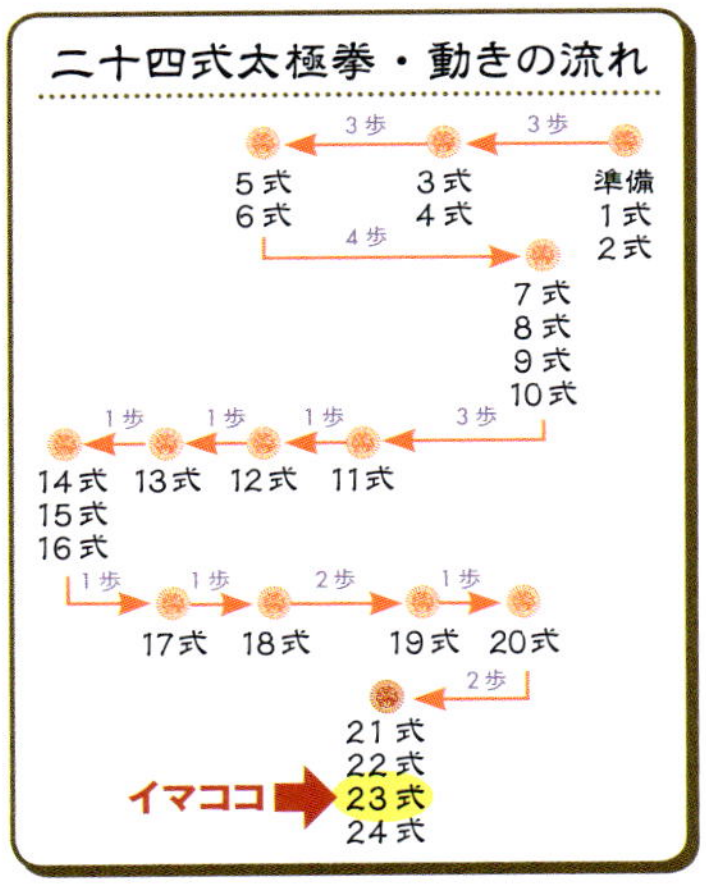

稽古のポイント

体は自然にし、下あごをやや引くとよいでしょう。両腕は肩を落としてのびのびと交差させます。

二十四式太極拳 22 の続き

そのまま型を真似できるよう背面から見ています

重心を右足に移す

重心を右足に移し、左足のかかとを軸に体を右に回していきます。両手を自然に開いていきます。

Check

十分に鼻から息を吸います

両手を交差させる

左手を外側に腰の前で交差させ、胸から頭上へと上げていきます。

両手を上げる

交差させた十字を頭上まで上げます。交差は両手を上げたとき、右手が外側、左手が内側になります。

2

右手を開く

左足つま先を正面に向け、右手は円を描くように開きます。

3

自然立ちになる

両手を弧を描くように徐々に下げ、同時に右足を寄せ、自然立ちになります。

楊名時師家の教え

Yang Ming-Shi

丹田に気を集める

太極拳や八段錦では、「丹田に気を集めて」呼吸を整えて始めます。丹田は三か所あり、一つは頭上（脳）、二つは横隔膜、三つはへその下ですが、太極拳では、三つめの丹田を意識します。丹田に気を集めるためのわかりやすい方法としては、①肩甲骨を背骨によせて、②両肩をふっと下げ、③肛門をぐっと締めると、お腹に力が入り、丹田に気が集まってきます。また、お腹のところに充実感が感じられます。

24 収《ショウ》勢《シー》 shou shi へ続く

二十四式太極拳

24式

収《ショウ》勢《シー》

shou shi

所要時間目安… 約 **40** 秒

収めの姿勢

【image】

「収勢」とは収める形という意味で、二十四式の最後の動きです。呼吸を整え、心を落ち着けます。

二十四式太極拳 23 の続き

そのまま型を真似できるよう背面から見ています

1

両手を離す

頭上で交差していた両手をほどきます。

二十四式太極拳・動きの流れ

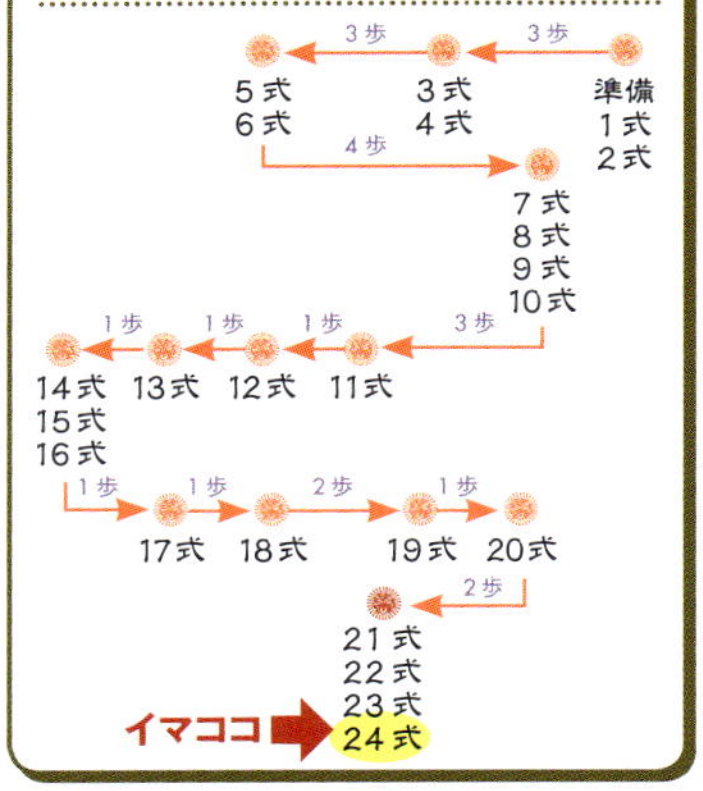

稽古のポイント

これで二十四式が完了です。最後は1式「起勢」のときと同じように自然立ちし、全身をゆるやかにします。呼吸を整え、心を落ち着かせましょう。

稽古要諦

剛《ガン》柔《ロウ》相《シアン》済《ジ》

手《ショウ》与《ユイ》肩《ジエン》平《ピン》

「剛柔相済」とは、剛柔あい助けるという意味です。技のうえで剛柔を使い分けることが必要だという教えです。太極拳は外柔内剛ともいえます。外から見ると太極拳の動きは柔軟ですが、練り上げていくことにより真の強さが生まれます。

「手与肩平」は、前方に押し出す手首の高さは、肩の高さと同じくらいにするということです。手と肩のバランスがとれたところが安定します。

24 収《ショウ》勢《シー》 shou shi

両手を下ろす

両手を左右に弧を描くように下ろしていきます。

両手を重ねる

お腹の前で両手を重ね、心が落ち着くまで深長呼吸を繰り返します。

Check
右手の上に左手を重ね、左右の親指をつけて
正面から見る

自然立ちになる

両手を自然に両脇に下ろし、自然立ちの姿勢になります。

足を閉じる

左足を静かに寄せて、もとの姿勢に戻ります。

楊名時師家の教え

無念無想

太極拳をするときは雑念を取り払い、無念無想であることが大切です。

「太極拳の稽古をするとき、目は半眼か軽く閉じるのがよい」と楊名時師家は指導していたといいます。大きく目を見開いていては、気が散って無念無想の境地には入りにくいもの。視界をできるだけせばめることによって、心を落ち着かせます。

Yang Ming-Shi

ROUROU

ネオアジアな美と癒しのテイスト どこまでも心地よい ROUROU の世界

ROUROU × Tai-Chi（太極拳）

独特の文化や美術を持つ進化した未知のアジアの国、朧朧国（ろうろうこく）。そんな理想郷を仮定し、その国のファッションをイメージしたコンセプトを持つ ROUROU（ロウロウ）。主宰するのはパリコレモデルだった早園マキ。横浜中華街の直営ショップ ROUROU をベースに独自の世界観と粋なファッションを発信しています。

本誌の製作にあたり、ROUROU より衣裳とグラフィックの協力をいただきました。表紙をはじめ、楊慧先生と楊玲奈先生にも、ROUROU アイテムを何点か着ていただきました。「体の動きを妨げない素材なら、太極拳の動きもスムーズで気持ちよくできます。好きなウエアをどんどん着て、楽しい、嬉しい気持でお稽古することも大切です。」と玲奈先生。

玲奈先生も大のROUROUファン。普段カジュアルに愛用しています。

ROUROU の太極拳ワークショップ

ROUROU ファンの中に太極拳に興味のある人が多いことから、ROUROU では、2011年から玲奈先生の太極拳ワークショップを開講。会場は ROUROU ショップのある横浜中華街。お洒落な ROUROU ウエアに身を包み、太極拳初心者も含めて、たくさんの人が熱心に稽古をしている姿が印象的です。「お洒落な ROUROU のウエアを着て中華街で太極拳をすると、とっても“その気”になって楽しいのです。これからも太極拳を続けます!」（参加者の声）

大人気だったこのワークショップ、今後も継続の可能性が大とのことです。興味のある方は、ぜひ ROUROU にお問い合わせを。

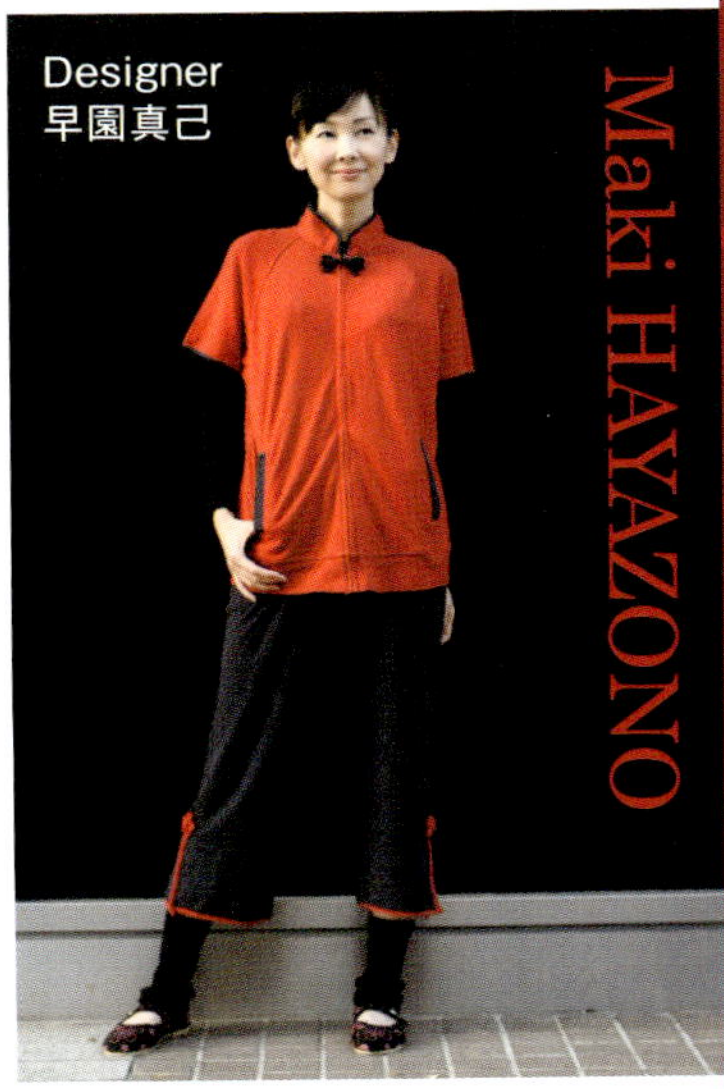

Designer
早園真己
Maki HAYAZONO

ROUROU SHOPS

● ROUROU
横浜中華街店
Tel：045-662-0466

● ROUROU
新宿マルイワン店
Tel：03-3355-1668

㈱ロウロウジャパン
http://www.rourou.com

横浜市中区山下町 130-12
ROUROU アトリエ
info@rourou.com

ROUROU の太極拳ワークショップ

隔週土曜日、中華街の一角で開催される ROUROU 主催の太極拳ワークショップ。初心者歓迎！ 八段錦・二十四式太極拳が基本から習えると大人気。（詳しくは ROUROU へ要問合せ）

監修

Profile

楊　慧　Kei YO

NPO 法人 日本健康太極拳協会副理事長、楊名時太極拳師範、（有）楊名時太極拳事務所代表。
父である師家・楊名時に師事し、1980 年より楊名時太極拳教室の指導を開始。テレビ、雑誌などメディアを通じた太極拳の普及にも取り組む。師家の教えを守り伝え、楊名時太極拳の輪を広めるべくカルチャーセンターでの指導のほか、準師範、師範を対象とした講座も開催中。

Profile

楊　玲奈　Reina YO

楊名時太極拳　師範
祖父・楊名時、母・楊慧のもと幼少より太極拳や中国文化に親しむ。留日華僑研究を行い成蹊大学で講師を務める。また、太極拳指導者としても「ゆったり太極拳」、「きれいになる太極拳」をテーマに各方面に活動の場を広げている。
新宿朝日カルチャーセンター、自由ヶ丘よみうりカルチャーなどで講座開講中。

あなたが変わる 楊名時 太極拳 Tai-Chi Chuan

楊名時太極拳事務所
Tel : 03-3259-8590
http://www.
yo-meiji-taikyokuken.co.jp/

2012 年　3 月 1 日　初版第 1 刷発行
2022 年　3 月 15 日　初版第 7 刷発行

著者	楊　慧
発行人	川崎深雪
発行所	株式会社　山と溪谷社 〒101-0051 東京都千代田区神田神保町 1 丁目 105 番地
HP アドレス	https://www.yamakei.co.jp/
印刷・製本	大日本印刷株式会社

■乱丁・落丁のお問合せ先
山と溪谷社自動応答サービス　TEL. 03-6837-5018
受付時間／10:00-12:00、13:00-17:30（土日、祝日を除く）
■内容に関するお問合せ先
山と溪谷社　TEL. 03-6744-1900（代表）
■書店・取次様からのご注文先　山と溪谷社受注センター
TEL. 048-458-3455　FAX. 048-421-0513
■書店・取次様からのご注文以外のお問合せ先
eigyo@yamakei.co.jp

乱丁・落丁は小社送料負担でお取り換えいたします。

Printed in Japan
ISBN　978-4-635-03518-7

Producer	高倉 眞
Director	中川知世
Photographer	田中庸介（AFLO DITE）
Designer	佐々木美穂（POOL GRAPHICS） 鈴木悦子（POOL GRAPHICS） 松田祐加子（POOL GRAPHICS）
Proofreader	大武美緒子
Hair & Make	梶田キョウコ（LES CINQ SENS）
Calligrapher	逢我
Video cameraman	鈴木康聡
VE	上山勝利
DVD Editor	久保年且
DVD Graphic	丸山大夢
DVD MA	堀内唯史（V VISION STUDIO） 鳥海彩乃（V VISION STUDIO）
Sound	古田能之（RAPWORK）
DVD Press	Pico house
撮影協力	日本健康太極拳協会、 楊名時太極拳事務所、東慶寺、ROUROU
監修協力	佐藤佳代子
グラフィック協力	ROUROU

表紙写真＝田中庸介
（AFLO DITE）
書・絵＝逢我

DVD MENU

DVDのメニューと使い方

このDVDでは、楊慧師範自ら二十四式太極拳、八段錦を演舞し、詳しく解説しています。また、楊玲奈師範がエイジレスと美容のテーマで演舞と解説を行っています。正面、逆サイド、横と様々なアングルから撮影し、太極拳、八段錦を立体的にイメージできるようになっています。さらに実用的なリピート機能を採用したことで、太極拳をわかりやすく覚えることのできるDVDです。

メインメニュー

**メインメニュー画面では、
このDVDをどう観るかを選択します。**

このDVDはDVD再生器にディスクを入れると自動的に再生します（オートスタート）。再生が始まってからリモコンのメニューボタンを押すと、このメインメニューが出てきます。

メインメニューでは、「全編再生」（すべてを最初から通して最後まで観る）か「チャプター」（チャプターを選択して、そこから観る）で再生方法を選択できます。さらに「1PLAY」か「REPEAT」を選択します。「1PLAY」は選んだところから最後までを連続して再生、「REPEAT」は選んだ項目が終わったら、その頭から何度も繰り返し再生します。

チャプターメニュー

**メインメニューで「チャプター」を選択すると、
この画面にいきます。[二十四式太極拳]、
[イメージ] 映像等を選択することができます**

チャプターメニュー画面では、[太極拳の基本]、[八段錦]、[二十四式太極拳　解説付き]、[二十四式太極拳]、[太極拳でエイジレス]、[太極拳で美しく健やかに]、[イメージ] の各項目に飛ぶことができます。「MAIN」を選択するとメインメニューに戻ります。

【 DVD 使用上の注意 】

☆ DVD は映像と音声を高密度に記録したディスクです。DVD 対応プレーヤーで再生してください（パソコンでは再生できないことがあります）。
☆このディスクの映像、音声などすべての権利は著作権者が所有しています。家庭内鑑賞を目的に使用してください。
書面による許可なく、それ以外の使用（中古品として流通させる）や、複製（ダビング）、上映、放映、放送（有線・無線）、改装、インターネットによる公衆送信、レンタルなどをすることは禁止されています。

DOLBY DIGITAL 16:9 LB ALL NTSC COLOR/MPEG-2/DB-10

メニュー

メニュー画面のボタンを選択して、リモコンのエンターを押すと、見たい映像が再生されます

［八段錦］は正面から撮影されたものと横からでそれぞれチャプターが分かれています。［二十四式太極拳　解説付き］はナレーションとテロップで演舞を詳しく解説します。［二十四式太極拳］は鏡を使った映像で、前と後ろから同時に見ることができるので、型を立体的にイメージすることができます。それぞれ25のチャプターに分かれているので、見たい演舞をすぐ見ることができます。

メニュー画面の「NEXT」を選択すると次の画面に移り、「BACK」を選択すると前の画面に戻ります。「MAIN」を選択するとメインメニューに、「CHAPTER」を選択するとチャプターメニューに戻ります。

イメージ

自然の中で撮影された太極拳の美しいイメージ映像をお楽しみください

楊名時師家の眠る東慶寺、そして海岸で撮影された楊慧師範と楊玲奈師範の美しい演舞を見ることができます。自然と一体となった太極拳のイメージは見るだけで心を癒してくれます。［イメージ］のチャプター画面からはいっていくと、オープニングからエンディングまでのイメージ映像を通して見ることができます。

リピート再生

これは超実用的！二十四式太極拳を『リピート再生』して練習すれば、短期間で型を覚えることができます

八段錦、二十四式太極拳は一段、一式ごとにチャプター分けされていますから、この『リピート再生』を活用すると、ひとつの型を何度でも再生することができます。動きのイメージをつかむのに最適ですから、効率よく練習ができます。

そのほかの項目、イメージ映像もメインメニューで「REPEAT」が選択されていると、そのシーンだけを何度も繰り返し再生します。

DVDにのみ収録されているテーマ

誌面では紹介できなかったテーマを、DVDの映像で紹介しているものがあります。以下がそのリストです。DVDをご覧いただき、日々の稽古にお役立て下さい。

【太極拳でエイジレス】

- 太極拳の呼吸で心も頭も若いまま
  二十四式太極拳／一式　起勢
- 免疫アップで風邪も引きにくくなる
  二十四式太極拳／九式　単鞭

【太極拳で美しく健やかに】

- 小顔になりたい！
  八段錦／第四段錦　五労七傷往后瞧
- 身のこなしが美しい女性になる
  挨拶
- めざせサイズUP！バストアップに期待
  八段錦／第二段錦　左右開弓似射雕
- 姿勢を矯正して“居ずまい”の美しい人になる
  十字手

やる気が出てポジティブになる

二十四式太極拳　二十一式【転《ジュアン》身《シェン》搬《バン》攔《ラン》捶《チュイ》】

zhuan shen ban lan chui

4

ひじは軽く曲げたままでOKです!

右拳を弧を描くように振り下ろします

5

手に注目してね!

左足つま先を右足に寄せます。右拳は引く

6

ゆったり動けてますか~

左足を左斜め前へ踏み出します

7

左手を押し出し、右拳は脇腹に引き寄せます

10

左足に体重を乗せ右拳を突き出します

私はこれでやる気満々になりました!

証言

もともと武術に興味があって始めたのですが、新緑のきれいな5月くらいだったので、とても爽やかな、自然と一体になる感覚が得られて、すごく楽しいなって思いました。太極拳を始めたら、やっているスノーボードにも俄然やる気が出てきたんです。姿勢など相通ずるところもあって、太極拳もスノーボードもすごく楽しくなった。

太極拳を始めて、いろいろなことに「やるぞ!」って挑戦する気持が持てるようになりました。体も心も、内から外から元気になれる太極拳、いいですよ!

七海　香さん

Reina's Supplement　玲奈のサプリ

キレイ

太極拳を続けて体調がよくなってくると、気持にも余裕が出てきます。すると心もほぐれて自然と笑顔が増えるでしょう。体を伸びやかにし、心のゆとりをくれる太極拳は、女性の「キレイ」にも効果があると思います!

元気になりたい
女性のみなさんへ

やる気が出てポジティブになる

よ～しっ！
やるぞう！

【二十四式太極拳 二十一式】
zhuan shen ban lan chui

仕事、子育て、勉強に稽古事、恋愛…女性はやることがたくさんあって大変です。ときには疲れやプレッシャーで、もう元気もない…なんてこともあるかもしれません。そんなとき、体の奥からモリモリやる気が湧いて、前向きな気持で頑張れるようになるのが、これ！

1
さぁ、ここからです！

右手は肩の高さに出し
左手は胸の前に
引き寄せます

2
右手はお腹のあたりで
拳をつくってね

右足を寄せ
右手で拳をつくります

3
Check
右拳は左手の内側で
弧を描くように上げて

右足を右斜め前に出し
右手の拳を立て胸の前へ

8
パワーをためて～

重心を左足に移し
拳に目線を置きます

9
えいやっ～！
じわ～っとね

前を向き、右拳を
突き出していきます

どうしてこれで
やる気が
出てくるのでしょう

二十一式は拳をつくり、裏拳で打って自分の中に引き込み、また前に打つという、拳を中心に前進していく動きです。拳は気・パワーをため込むので、いつも自分の前に拳をかざし、前進していくことで、集中力やモチベーション（やる気）が高まっていくのを感じることができます。

この二十一式を朝、起きがけに行えば、体の内側からエネルギーがあふれ出てきて、「よし！今日もやるぞ！」とポジティブな気持で１日を過ごすことができるでしょう。

Yang Ming-Shi

コツ練のポイント

キレイな
あしたの
アタシへ

拳は体の前から大きく外さないで前進することが大切です。拳をつくったときに力みすぎないで。拳を打って、引いて、打つという動作より、体重の移動に合わせて、拳が入れ替わる感覚で拳を扱えるようになると、とても気持がよくなります。

慢性化した肩こりもスッ〜とラクになる
二十四式太極拳　十八式【左《ズオ》右《ヨウ》穿《チュアン》梭《スオ》】
zuo you chuan suo

4

Check
気を手の先へ流す
意識を持って
押し出します

右手をあげながら、
左手を押し出して
いきます

5

流れてる・流れてる!

さらに右足に体重を
乗せます

6

よいしょっと。
マイ・ボール★

左足を上げて、右足に
寄せ、ボールを抱えます

7

今度は
左斜め前です!

左足を左斜め前に
踏み出して

10

肩まわり、
ほぐれてますか?

重心を左足に移し
右手を押し出します

証言
私はこれで肩こりがラクになりました!

肩が張ったり、こり固まって血の巡りが悪いなと感じたときに太極拳をすると、すっと気持よくなります。寒くなったりしたときも太極拳をします。それほど疲労感がないのに、ジョギングした後と同じくらい体がポカポカと温まってくるから不思議です。短時間で手軽にできて効果があるから嬉しい。太極拳を始めてからすぐ、その効果を実感しています!

高橋麻希子さん

Reina's Supplement 玲奈のサプリ

ウエア

太極拳のとき着るウエアは基本的には何でもOK。ゆったりとしたものが動きやすいと思いますが、好きな色のものを着ていると気持がいいから、ウエアはまず自分の好きなものであることが一番大切かな。

zuo you chuan suo

肩でお悩みの女性のみなさんへ

肩コリコリ、
お悩みですよね？

【二十四式太極拳 十八式】
zuo you chuan suo

慢性化した肩こりもス〜ッとラクになる

長時間のデスクワークでお疲れの方や、勉強や習い事で忙しい方、赤ちゃんを抱っこしている育児中のママなど、肩こりは誰にでも起こり、なかなか治らない厄介モノ。けれど、肩まわりの筋肉や関節をほぐして血流をよくすることで、肩こりは改善されますよ!

1

重心を左足に乗せ
両手でボールを抱えます

2

右足を右斜め前に
踏み出して

3

重心を右足に移し

8

重心を左足に移します
左手は弧を描くように
上げます

9

さらに体重を
左足に乗せ
左手を上げます

どうしてこれで肩こりが改善するのでしょう?

抱えたボールをぐるりと向こうに押し出していく動きの十八式。このように内側から外に向かって手を伸ばしていく形は、手や腕だけでなく、まんべんなく肩全体を動かしていくので、肩や首の硬くなった筋肉をほぐし、血の流れをよくして、コリを緩和します。

コツ練のポイント

キレイな
あしたの
アタシへ

手を上げることだけ意識せず、腰の動きに合わせて上体を運んでいくとよいです。額の前の手は、ひじを張りすぎず、ゆるめておきましょう。また手を押し出すときには気合（力）を入れすぎて呼吸が止まったり詰まったりしないように。この十八式はイスに座った状態でも効果が期待できるので、オフィスで仕事の合間にも行えて、とても便利です。

しつこい腰痛が改善されます

二十四式太極拳　十式【雲《ユン》手《ショウ》】

yun shou

4

上体を左に回していきます

5

右足を寄せ
つま先をつけます

6

Check
右手は上から右回り、
左手は下から左回りに

重心を右足に移し、
左足のかかとが
上がります

7

大空に漂う雲の如し。
ゆ〜ったりと

上体を右に回しながら
両手で円を描くように…

10

目線は手の動きを
追ってください

上体を左へ回しながら
重心を左足に移します

11

右足のつま先を
左足の横へ寄せます

12

右手は円を描くように
顔の前を通して右へ

上体を右へ回していき
重心を右足に移します

証言

私はこれで腰痛が改善しました！

もともと太極拳に興味があって始めたのですが、予想どおり、動きはゆっくりで無理なくできる。しかも日頃使わない筋肉を動かしたりすることで、体が気持ちいいと感じています。

普段も体がガチガチに固まった気がするとき太極拳をやれば、体がほぐれます。座り仕事などで腰が重く、痛くなったりしたときに、こうして腰を動かすとジワジワと楽になってくるのを感じます。

吉野陽子さん

腰がつらい女性のみなさんへ

あーイタタ・・・すっきり腰を伸ばしたいなぁ

【二十四式太極拳 十式】yun shou

しつこい腰痛が改善されます

中腰の姿勢や長時間の同じ姿勢、重いものを持ったりしたことから腰に痛みを感じ、慢性化した腰痛に悩む女性は本当に多いもの。腰痛を引き起こす大きな原因は腰周りの筋肉のコリにあります。太極拳のゆったりとした呼吸と腰を回す運動で、腰周りの筋肉をほぐします。

1

ここから始めちゃいましょう

重心を右足に乗せ、左足つま先がついています

2

ゆったりとした呼吸と動きを意識して

左足つま先から横へ踏み出します

3

雲がふわぁ～っと動くイメージです

重心を左足へ、両手を円を描くよう動かします

8

ゆ～ったりとした呼吸も意識して

左足つま先から横へ踏み出します

9

腰の位置よく見てね～

重心を中央に戻します
両手は回し続けています

どうしてこれで腰痛がよくなるのでしょう?

腰を回しながら体重移動を続けていく雲手。横に横にと腰をなめらかに、まんべんなく使いながら動いていくので、腰周りの筋肉をほぐすマッサージ効果があり、腰痛の改善、予防効果があります。また、足を横に踏み出すときに腰から足へのほどよいストレッチになります。

まっすぐ立っていないと腰はきちんとうまく回りません。姿勢が左右に傾かないように意識することで、骨盤の歪みへもアプローチ、骨盤調整ができます。

Yang Ming-Shi

コソ練のポイント

キレイなあしたのアタシへ

ストレッチ効果を高めるためには、まっすぐな姿勢と、ゆったりした体重移動、そして目線が大切です。腕だけを回さず、腰をしっかり回して、横へ体を運ぶ意識を持つことです。左右の手の動き、足の動き、上体の向きが連動するように練習しましょう。

便秘解消でお腹すっきり

八段錦　第八段錦【背《ペイ》后《ホウ》七《チー》顛《ディエン》百《バイ》病《ビン》消《シャオ》】
bei hou qi dian bai bing xiao

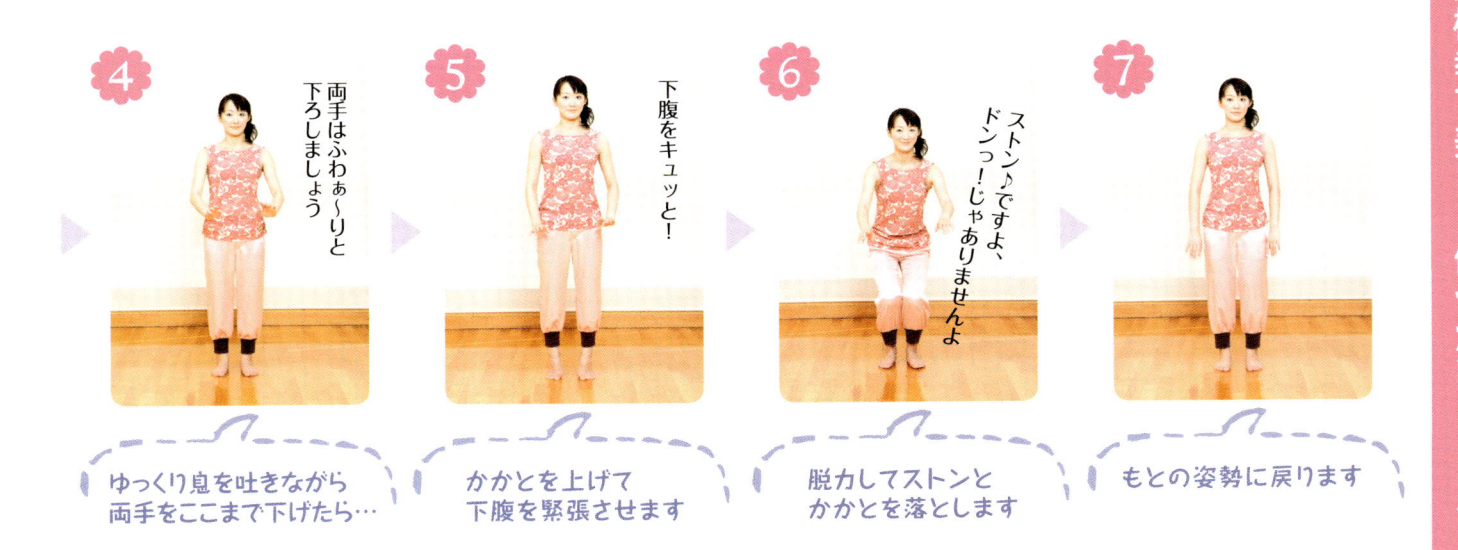

4

両手はふわぁ～りと
下ろしましょう

ゆっくり息を吐きながら
両手をここまで下げたら…

5

下腹をキュッと！

かかとを上げて
下腹を緊張させます

6

ストン♪ですよ、
ドンっ！じゃありませんよ

脱力してストンと
かかとを落とします

7
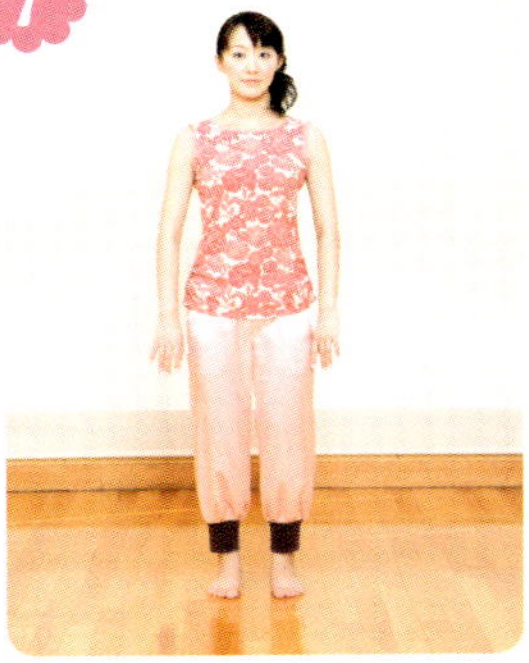

もとの姿勢に戻ります

私はこれで便秘がラクになりました！

証言

旅行に行ったり環境が変わると、すぐ便秘がちになってしまうのですが、太極拳を始めてからは便秘の悩みがずっと楽になりました。

とくにこの第八段錦は手軽にできるので朝、起きがけに布団の上でやると、お通じの安定に効果的だと実感しています。また、電車を待つ間にホームでさり気なくつま先立ちになったり、日常の中でも、ちょっとした機会を活かしてやっています。

高橋麻希子 さん

Reina's Supplement 玲奈のサプリ

イメージ

立禅のときなど精神統一して心を無にするといいますが、色をイメージするとやりやすいです。好きな色や、その日の気分の色など…、楊名時先生は、富士山や澄んだ湖の美しい景色を思うと心が落ち着くと教えてくれました。

便秘解消でお腹すっきり

お腹もスッキリ
できるかな？

【八段錦　第八段錦】
bei hou qi dian bai bing xiao

食物繊維の不足や食生活の乱れ、不規則な生活、ストレス、そして運動不足や腹筋が弱いことなど…。便通の乱れはさまざまな原因から起こります。太極拳で便秘の予防、改善ができればラッキーですよね！

1

お腹ぽっこりも
へこむかな？

背筋を伸ばして
足をそろえて立ちます

2

息をゆったり
吸っていきましょう

両手のひらを下向きに、
肩の高さまで上げます

3

今度はゆったり
吐いていきますよ

両手を下げていきます

どうしてこれで
便秘が
解消するのでしょう

便秘に悩む女性はとても多いです。便秘になるとお腹もぽっこり出て違和感を感じ、体が重く、気分も悪いもの。第八段錦は、つま先立ちになり肛門括約筋を締め、かかとをストンと落とす動きで、下腹部を収縮させることで腸に刺激を与え、お通じがよくなる効果があります。

Yang Ming - Shi

普段の生活では、肛門括約筋を締める機会はなかなかないものです。下腹部に刺激を与えることは、健康上とても有意義なことです。この動きは便秘予防や解消だけでなく、お尻や下腹部の引き締めにも効果的です。

POINT

肛門括約筋の引き締めがポイント

かかとを上げたときの姿勢にまず注意。背筋をまっすぐ伸ばして姿勢を保持します。そこで肛門をギュッと締める意識を持って、お尻の筋肉、下腹部を緊張させます。

コツ練のポイント

キレイな
あしたの
アタシへ

目を閉じてつま先立ちしていると姿勢が崩れて、よろけてしまったりします。そんなときは視点を定めて立つと姿勢が保ちやすいでしょう。無理をして長く立つ必要はありません。ぐっと下腹部を緊張させる感覚が持てていれば十分です。

この第八段錦は、動きも少なく、外からはつま先の上下動しか見えないので、ホームで電車を待っている時間など生活の中のちょっとした時間を使って実践するのもおすすめです。

憧れのキュッとくびれたウエストに
【甩手《スワイ ショウ》】
Shuai shou

4

よく回らないです！

両手をポイと投げるように左へ振ります

5

腰をしっかり回します

6

両手を前に戻していきます

7

両手を戻したら

10

④〜⑨を充分行ったら両腕をゆっくり正面に戻します

11

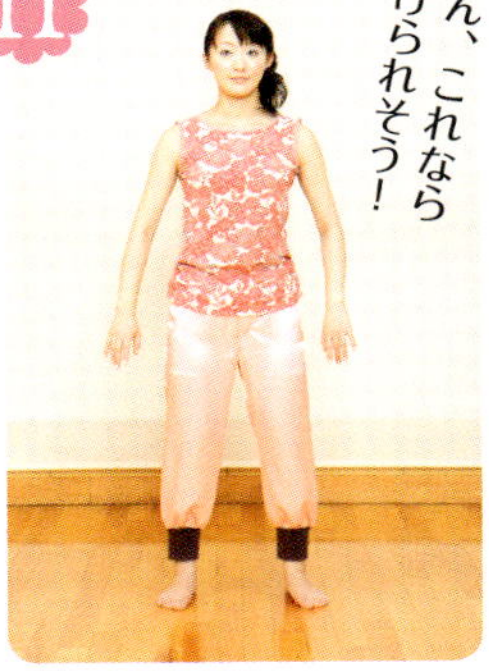
続けられそう！

もとの自然立ちへ

12

憧れのくびれまで
頑張ろうネ！

両足をそろえてもとの姿勢に戻る

私はこれでくびれました！

実は、太極拳はまだ始めて間もないのです。太極拳なら動きもゆっくりだし、今まであまり運動してこなかった自分にもできるかなと思って。やってみたら全然違って、翌日は筋肉痛で動けないくらいの運動量でした。

このスワイショウは初心者でもできますし、ウエストを無理なくひねる動きが、とってもくびれに効きそうです！

証言

高りえさん

Reina's Supplement
玲奈のサプリ

20代の頃は、もっとこうしなければとか、頑張らなくちゃ、といった気持ちが強かったかもしれません。太極拳を通じて何事も調和がとれていることが大切だって思えるようになり、気持ちがうんと楽になって視野も広くなりました。

バランス

美しくなりたい
女性のみなさんへ

「くびれよ、ここへ！」

甩手
Shuai shou

憧れのキュッとくびれたウエストに

キュッと締まったウエストは、女性らしく美しいプロポーションの要です。太極拳の毎日の稽古の積み重ねで、憧れの“くびれ”を手に入れましょう！

1

心を落ち着かせましょう

背筋を伸ばして
足をそろえて立ちます

2

気を丹田に集めます！

足を肩幅に開いて
呼吸を整えます

3

ゆっくりが
大事です

両腕を左右に開きます。
両ひざを少し
ゆるめます

8

息をゆっくり吐きながら～

次は右へ同じ要領で
回していきます

9

腰をしっかり回します

どうしてこれで
ウエストが
細くなるのでしょう

ひざを軽く曲げた状態で腰を左右に大きくねじる運動は、腰を柔軟にし、足腰を鍛える効果があります。甩手は全身の筋肉を柔らかくし、硬くなっていた筋肉により妨げられていた血行をよくするので、代謝もアップさせ、ウエストの引き締め効果が期待できます。

呼吸は左に回したときに吸い、右に回したときに吐くようにしてみましょう。はじめはゆっくり、徐々に速く、またゆっくりと行い動きを収めていきます。

Yang Ming-Shi

コソ練のポイント

キレイな
あしたの
アタシへ

背筋をまっすぐに伸ばし、目線をきちんと後ろまで運んで、後ろまで振り返りながら、しっかり上体を回すようにしましょう。肩と腕は力を抜いてリラックスした状態で、「ポイッ」と手を投げる気持でやってみましょう。かかとは上がらないように気をつけて。

目安で２分半続ける、などありますが、何回やってもかまいません。朝、起きがけにやれば、体も頭も目覚めてパワーが湧いてきます！　コソ練は毎日続けることが大切です。手足が冷えて寝つきが悪いときにもおすすめです。

下半身が痩せないのが悩み・下半身のぜい肉をとりたい！

二十四式太極拳　十六式後半【左《ズオ》下《シャア》勢《シー》独《ドゥ》立《リー》】・十七式後半【右《ヨウ》下《シャア》勢《シー》独《トゥ》立《リー》】アレンジ

zuo xia shi du li / you xia shi du li

十六式、十七式後半は、同じ側の手と足を上げますが、ここでは「右手と左足」のように、反対の手足を上げる動作を紹介しています。よりバランスを取りやすく簡単でありながら、十分な効果が期待できます。

3

右足つま先を前に出します

4

右足のかかとをつきます

5

バランスキープしましょう！

左足、右手を上げます
左手は手のひらを下に腰の脇に

続けて、右足、左手を上げる十七式後半をアレンジした動作を行いましょう。

私はこれで下半身がすっきり締まりました！

太極拳にはピラティスなどに通じる、体をのびのびさせる気持よさがあると思います。深い呼吸をしながら、ゆっくり動くなかで、いろいろな体の筋肉をほぐしたり、緊張させるので、体が引き締まっていく感覚があります。

この片足立ちはキツイですが、下半身には効果がありそう。太極拳は歳をとってもずっと長く楽しめるので、とても魅力的ですね。

証言

KYさん

美しくなりたい
女性のみなさんへ

下半身が痩せないのが悩み 下半身のぜい肉をとりたい!

「さよならしたい!
下半身のムチムチ」

二十四式太極拳
十六・十七式後半アレンジ
zuo xia shi du li
you xia shi du li

どんなダイエットをしても、なかなか痩せないのが下半身。セルライトや脚のむくみ……。下半身の悩みが改善し、太極拳でスラリとなることを願って始めましょう。続ければ効果を期待できますよ。

この動作は
下半身の悩みを
解消するため、
太極拳の動作をアレンジして
作られたものです。
必ず左右をバランスよく
稽古しましょう。

1

スラリとした
下半身の自分を
イメージして♪

背筋を伸ばして
足をそろえて立ちます

2

ゆったり
深い呼吸をしましょう!

足を肩幅に開いて
呼吸を整えます

横アングル
から見る

どうしてこれで
下半身がすっきり
するのでしょう

のびのびと体を伸ばして立ち上がる動きによって、持ち上げる足も、支えている足も、筋肉に強い刺激が与えられ、血液循環がよくなり、代謝がアップすることで下半身のぜい肉がとれてすっきりしてきます。しっかりと踏み込んで立っていく、目線を平らにして頭のてっぺんから引き上げられているようなイメージを持つと、姿勢がまっすぐになり、気持もとてもよくなります。

コツ練のポイント

キレイな
あしたの
アタシへ

足を上げようと頑張るよりも、踏み込む足を意識して、その運動の流れでもう片方の足が自然に上がっていくようなイメージを持ちましょう。片足になったときにどうしても息が詰まったり、息が止まってしまうことがありますが、それでは下半身の引き締めには効きません。呼吸を止めないで、立ち上がったところでも、のびのび呼吸できるようにネ!

基礎代謝アップで脂肪燃焼。続けていけば痩せ効果

一見、ハードな運動にはまるで見えない太極拳ですが、やってみると、見た目のゆるやかさとは裏腹に、案外負担の大きい運動であることがわかります。太極拳の、ゆったりとした動きと呼吸は血のめぐりをよくし、新陳代謝を高めるので、基礎代謝が上がります。また、全身の筋力をくまなく使うので、続けていけばいつの間にか筋力が強化され、無駄な脂肪が燃焼し、自然に痩せていく傾向にあります。ウエストが引き締まる、お腹や下半身、二の腕のぜい肉が落ちる、小顔になる、など、さまざまな部分引き締めの効果も期待できます。

太極拳の呼吸でリラックスして余裕のある女性に

太極拳の呼吸は、お腹を膨らませて、ゆったりと深く吸い、お腹がへこむまで吐ききる腹式呼吸。特に吐く息を意識することで、自律神経の副交感神経が優位に働きます。副交感神経が活発化するとストレスやイライラが軽減し、心が落ち着きリラックスすることができます。心が穏やかだと、行動や思考にも余裕が生まれるもの。それは落ち着いた物腰となって、自然に美しさを醸し出してくれるでしょう。

筋肉や関節をほぐし体の痛みや疲労感を改善する

太極拳のゆったりとした動きは、ストレッチ効果があり、全身の緊張している筋肉や関節をゆるめ、もみほぐしてくれます。また、日常生活ではあまり使うことのない筋肉も使うので、体がのびのびとし、ほぐれて、体にたまった疲労感やだるさを解消し、女性にありがちな肩こり、腰痛などを改善してくれます。

深長・腹式呼吸で婦人科系・消化器系のトラブルも改善

太極拳の深く長い呼吸(深長呼吸)によって副交感神経が刺激され、女性ホルモンのバランスが整えられます。女性ホルモンのバランスが整うと、生理不順や生理痛などの婦人科系のトラブル、肌荒れ、むくみや冷え、多汗など、女性に多い症状もゆるやかに改善します。また、腹式呼吸による内臓のマッサージ効果で、便秘や下痢など消化器系のトラブルも改善します。

気を全身にめぐらせてパワーアップ・やる気アップ

太極拳の深く長い呼吸をともなった、ゆったりとした動きは、ひとつひとつの「動き」をていねいに行うことで、生命エネルギーである「気」を高めます。この気が全身によく流れることで、血液循環がよくなり、自然治癒力も高まり、内臓の機能もアップします。気の流れがよくなると、体がエネルギーに満ち溢れていくのを感じ、心も体も元気が湧いてきます。そうなれば、きっと元気はつらつ、前向きで活動的な女性に見えるようになるでしょう。

姿勢を整えるとグンと素敵に見えます

どんなに美しい顔の女性でも、猫背だったり、うつむいてばかりでは、素敵に見えません。女性の魅力は、その美しい姿勢や立居振舞いから感じられるものもあります。太極拳は、そのゆったりとした動きでインナーマッスル(人体の内側の骨に近いところにある筋肉)を鍛えます。インナーマッスルは、"姿勢保持筋"と呼ばれるほど姿勢と関係が深いので、インナーマッスルを鍛えることで、美しい姿勢や理想のボディラインに近づける、といわれています。

太極拳で美しく健やかな女性になる

太極拳がもたらす健康効果は、女性の心身の美も養います。
稽古を続けることで、
美しさは歳を重ねるごとに深みを増していきます。
さぁ、今こそ太極拳で本質的な美への取り組みを
始めてはいかがでしょうか？

太極拳が女性に人気、そのわけは？

今や太極拳は「中高年のもの」というイメージを覆し、若い女性たちの間でも注目や人気を集めています。それは、太極拳が健康によいだけでなく、きれいになる＝美容にもたいへん効果が高いことがわかってきたからでしょう。すでに女性に人気のヨガと太極拳は、実はとても似た面を持っています。それは、「深く長いゆったりとした呼吸」を通じて心と体にアプローチし、女性の心と体を美しくしてくれるという部分です。

さらに、太極拳は連続した動作でまんべんなく全身を動かすことから、体の柔軟性を高める効果も期待できます。

いつでも、どこでも、特別な道具もなしに、気楽に、10 分でも、3 分でも、自分の好きなように取り組むことができる。それでいて、健康だけでなく、さまざまな美容効果が期待できる。だからこそ、「これなら私でもできそう」、「太極拳っていいかも」という女性が増え続けているのでしょう。

太極拳で心もからだも美しくなれるのはなぜ？

ゆったりした動きが新陳代謝を高め、肌をいきいきとさせる

太極拳のまろやかな、ゆったりとした動きは血液の流れをよくします。血液中の酸素が増えることで肌はいきいきとハリやつやを持ち、新陳代謝がよくなることで老廃物が排出されるので、肌のくすみや肌荒れが改善していきます。また、ゆったりした呼吸で副交感神経が活性化され、自律神経が整い、ホルモンバランスも整えられることで、肌がみずみずしく潤い、キメ細かくなっていきます。この太極拳の美肌効果は、歳を重ねていっても有効です。続けることで若々しい肌を保ちアンチエイジングも期待できます。

Beauty & Health for Woman

太極拳で美しさと健康を手に入れませんか?

1. 太極拳で美しく健やかな女性になる

2. 女性の気になること目的別ピンポイント太極拳

太極拳でキレイを目指しましょう(玲奈)

本当に効いています! 体験者の証言をチェック!

Check

楊 玲奈 Reina YO

楊名時太極拳　師範

祖父・楊名時、母・楊慧のもと幼少より太極拳や中国文化に親しむ。「ゆったり太極拳」、「きれいになる太極拳」をテーマに太極拳を指導、各方面に活動の場を広げている。